80 Ejercicios para Aprender Bootstrap.

Nivel Básico.

Introducción:

Bienvenido al libro "80 Ejercicios para Aprender Bootstrap". Este libro está diseñado como una guía práctica para dominar Bootstrap, un popular framework front-end que facilita la creación de sitios web responsivos y atractivos. A través de una serie de ejercicios graduales y prácticos, te sumergirás en el mundo de Bootstrap y desarrollarás habilidades sólidas en el uso de sus componentes y características.

¿Por qué Bootstrap?

Bootstrap se ha convertido en una herramienta fundamental para desarrolladores web debido a su capacidad para simplificar el diseño y la estructuración de sitios web. Con su sistema de rejilla flexible, componentes preestilizados y numerosas utilidades, Bootstrap permite crear interfaces modernas y adaptables de manera eficiente.

¿Qué encontrarás en este libro?

Este libro se centra en la práctica activa del uso de Bootstrap a través de ejercicios diseñados para abarcar una variedad de componentes y técnicas clave. Los ejercicios están organizados en una progresión lógica, comenzando desde conceptos básicos como el diseño responsivo y la estructura de la página, hasta ejercicios más avanzados que exploran tarjetas interactivas, formularios personalizados y animaciones dinámicas.

Índice

Introducción a Bootstrap   6
  Breve Historia y Contexto del Framework   6
  Ventajas y Características Principales   7
  Versiones Disponibles y Evolución a lo Largo del Tiempo   8
  Fundamentos de Bootstrap   9
    Instalación y Configuración Inicial   9
    Uso de la Rejilla (Grid System) para Crear Diseños Responsivos 10
    Tipografía, Colores y Estilos Básicos   11
  Componentes Básicos de Bootstrap   13
    Botones y Enlaces   13
    Formularios y Validación   14
    Navegación y Barras de Navegación   15
  Componentes Avanzados de Bootstrap   17
    Tarjetas (Cards)   17
    Deslizadores (Carousels)   18
    Modales y Ventanas Emergentes   20
  Personalización y Temas en Bootstrap   22
    Uso de Variables CSS para Personalizar Bootstrap   22
    Creación de Temas y Estilos Personalizados   23
  Integración con JavaScript en Bootstrap   25
    Uso de Plugins y Componentes Interactivos   25
    Incorporación de Funcionalidades Dinámicas con JavaScript   28
  Optimización y Buenas Prácticas con Bootstrap   30
    Optimización del Rendimiento   31
    Mejores Prácticas de Diseño y Accesibilidad   31

Desarrollo Avanzado con Bootstrap — 34
Integración con Frameworks Front-end Adicionales — 34
- Integración con React — 34
- Integración con Angular — 36

Ejemplos de Proyectos Complejos Desarrollados con Bootstrap. 38

Ejemplos Detallados de Aplicaciones Web Construidas con Bootstrap. — 40
- Ejemplo 1: Blog Personal — 40
- Ejemplo 2: Tienda en Línea — 41

Ejercicios Básicos para Aprender Bootstrap — 42
Ejercicio 1: Crear una Página Básica — 42
- Ejercicio 2: Uso del Sistema de Rejilla (Grid System) — 44
- Ejercicio 3: Botones y Estilos — 45
- Ejercicio 4: Barra de Navegación — 46
- Ejercicio 5: Tarjetas (Cards) — 47
- Ejercicio 6: Formulario de Contacto — 49
- Ejercicio 7: Componente de Alerta — 51
- Ejercicio 8: Barra de Progreso — 52
- Ejercicio 9: Deslizadores (Carousels) — 53
- Ejercicio 10: Modal (Ventana Modal) — 54
- Ejercicio 11: Uso de Iconos — 56
- Ejercicio 12: Listas de Grupos — 57
- Ejercicio 13: Tablas Responsivas — 58
- Ejercicio 14: Píldoras (Pills) de Navegación — 60
- Ejercicio 15: Formulario de Registro — 61
- Ejercicio 16: Tooltip — 63
- Ejercicio 17: Collapse — 64
- Ejercicio 18: Navbar con Dropdown — 65
- Ejercicio 19: Utilizar Cards para Imágenes — 67
- Ejercicio 20: Crear una Modal — 68
- Ejercicio 21: Navbar con Brand y Dropdown — 70
- Ejercicio 22: Carousel con Contenido Dinámico — 72
- Ejercicio 23: Tabs Dinámicos — 74
- Ejercicio 24: Utilizar Cards con Imágenes — 76

Ejercicio 25: Dropdowns Anidados 78
Ejercicio 26: Tarjeta de Producto con Precio 79
Ejercicio 27: Barra de Progreso Animada 80
Ejercicio 28: Utilizar Collapse con Iconos 81
Ejercicio 29: Utilizar Alertas Dismissable 82
Ejercicio 30: Utilizar Badge 83
Ejercicio 31: Utilizar Tooltip con Botones 84
Ejercicio 32: Utilizar Collapse con Accordion 85
Ejercicio 33: Utilizar Popover 87
Ejercicio 34: Utilizar Progress Bar con Valor Dinámico 88
Ejercicio 35: Utilizar Navbar con Iconos 89
Ejercicio 36: Utilizar Modal con Formulario 91
Ejercicio 37: Utilizar Cards con Overlay 93
Ejercicio 38: Utilizar Formulario de Búsqueda 94
Ejercicio 39: Utilizar Badge en Navbar 95
Ejercicio 40: Utilizar List Group con Enlaces 96
Ejercicio 41: Utilizar Badges en Cards 97
Ejercicio 42: Utilizar Alertas de Formulario 98
Ejercicio 43: Utilizar Scrollspy en Navbar 100
Ejercicio 44: Utilizar Carousels con Indicadores 103
Ejercicio 45: Utilizar Tablas con Estilos 105
Ejercicio 46: Utilizar List Group con Badges 106
Ejercicio 47: Utilizar Tooltip en Iconos 108
Ejercicio 48: Utilizar Input Group con Botón 110
Ejercicio 49: Utilizar Dropdowns con Checkboxes 111
Ejercicio 50: Utilizar Cards con Grillas 113
Ejercicio 51: Utilizar Navbar con Dropdowns 115
Ejercicio 52: Utilizar Modal con Imagen 117
Ejercicio 53: Utilizar Tabs con Contenido Dinámico 118
Ejercicio 54: Utilizar Popover con Contenido HTML 120
Ejercicio 55: Utilizar Tooltips con Varias Posiciones 121
Ejercicio 56: Utilizar Collapse con Acordiones 123
Ejercicio 57: Utilizar Cards con Encabezados 125
Ejercicio 58: Utilizar Input Group con Botón de Dropdown 126
Ejercicio 59: Utilizar Pagination 127

Ejercicio 60: Utilizar Formulario con File Input 128
Ejercicio 61: Utilizar Cards con Imágenes y Listas 129
Ejercicio 62: Utilizar Navbar con Formulario de Búsqueda 130
Ejercicio 63: Utilizar Popover con Eventos Personalizados 131
Ejercicio 64: Utilizar Collapse con Eventos JavaScript 132
Ejercicio 65: Utilizar Tabs con Dropdowns 133
Ejercicio 66: Utilizar Cards con Grupos de Botones 135
Ejercicio 67: Utilizar Media Objects 136
Ejercicio 68: Utilizar Alertas Dismissable 137
Ejercicio 69: Utilizar Jumbotron 138
Ejercicio 70: Utilizar Carousel con Contenido Dinámico 139
Ejercicio 71: Utilizar Formulario con Select y Checkbox 141
Ejercicio 72: Utilizar Navbar con Buscador y Botones 143
Ejercicio 73: Utilizar Progress Bar 145
Ejercicio 74: Utilizar Input Group con Dropdown 146
Ejercicio 75: Utilizar List Group con Accordion 147
Ejercicio 76: Utilizar Navbar con Dropdowns 149
Ejercicio 77: Utilizar Cards con Colores Personalizados 151
Ejercicio 78: Utilizar Carousel con Contenido Variado 152
Ejercicio 79: Utilizar Badges 153
Ejercicio 80: Utilizar Formulario con Input de Fecha 154

Introducción a Bootstrap

Breve Historia y Contexto del Framework

Bootstrap es un framework de desarrollo front-end de código abierto que fue creado originalmente por dos ingenieros de Twitter, Mark Otto y Jacob Thornton. La primera versión de Bootstrap, conocida como Bootstrap 2, fue lanzada en agosto de 2011 como una herramienta interna en Twitter para mejorar la consistencia y eficiencia en el desarrollo de interfaces de usuario.

La intención detrás de Bootstrap era proporcionar a los desarrolladores web una biblioteca de componentes y estilos predefinidos que pudieran utilizar fácilmente para construir sitios web modernos y responsivos. El proyecto se hizo público en agosto de 2011 a través de GitHub, donde rápidamente ganó popularidad debido a su utilidad y enfoque centrado en la facilidad de uso.

Con el tiempo, Bootstrap se convirtió en uno de los frameworks front-end más populares y ampliamente adoptados en la industria web. Ha sido utilizado por miles de sitios web en todo el mundo y ha facilitado la creación de interfaces consistentes y atractivas.

Ventajas y Características Principales

Las ventajas y características clave de Bootstrap incluyen:

1. Rejilla Responsiva: Bootstrap ofrece un sistema de rejilla (grid system) responsiva que facilita la creación de diseños flexibles que se adaptan automáticamente a diferentes tamaños de pantalla, desde dispositivos móviles hasta computadoras de escritorio.
2. Componentes Listos para Usar: Bootstrap proporciona una amplia gama de componentes predefinidos, como botones, formularios, navegación, tarjetas, modales, entre otros. Estos componentes están diseñados con un estilo consistente y pueden ser fácilmente personalizados.
3. Estilos CSS y Componentes JavaScript: Bootstrap incluye un conjunto completo de estilos CSS predefinidos que abarcan tipografía, colores, espaciado y más. Además, ofrece componentes interactivos como carruseles, pestañas y ventanas modales que se pueden implementar con JavaScript.
4. Personalización Sencilla: A través del uso de Sass y variables CSS, Bootstrap permite la personalización rápida y sencilla de estilos para adaptarse a los requerimientos de diseño de un proyecto específico.
5. Compatibilidad y Documentación: Bootstrap es compatible con la mayoría de los navegadores modernos y ofrece una documentación detallada y amigable que facilita aprender y utilizar sus características.

Versiones Disponibles y Evolución a lo Largo del Tiempo

A lo largo de su evolución, Bootstrap ha tenido varias versiones importantes:

- Bootstrap 2: Lanzada en agosto de 2011, fue la versión inicial que sentó las bases del framework y estableció su popularidad.
- Bootstrap 3: Lanzada en agosto de 2013, introdujo una rejilla responsiva mejorada, un diseño mobile-first y una gama más amplia de componentes.
- Bootstrap 4: Lanzada en enero de 2018, fue una actualización significativa que adoptó el diseño mobile-first de manera más estricta, introdujo un sistema de rejilla más flexible basado en Flexbox y eliminó la dependencia de jQuery en favor de JavaScript nativo.
- Bootstrap 5: Lanzada en noviembre de 2020, fue otra actualización importante que simplificó el framework, eliminó componentes menos utilizados, adoptó CSS Grid para la rejilla y enfatizó la modularidad y personalización.

Bootstrap continúa evolucionando para adaptarse a las tendencias y necesidades cambiantes del desarrollo web. Cada versión ha incorporado mejoras significativas en términos de rendimiento, funcionalidad y facilidad de uso. Es recomendable consultar la documentación oficial de Bootstrap para obtener información detallada sobre las versiones más recientes y sus características.

Fundamentos de Bootstrap

Instalación y Configuración Inicial

Para comenzar a utilizar Bootstrap en un proyecto, hay varias formas de instalarlo:

Descargar desde el sitio web de Bootstrap:

Puedes descargar los archivos CSS y JavaScript de Bootstrap desde el sitio oficial de Bootstrap (getbootstrap.com) e incluirlos en tu proyecto a través de enlaces CDN o copiándolos localmente en tu proyecto.

Instalación mediante gestor de paquetes:

Si estás utilizando un gestor de paquetes como npm (Node.js) o yarn, puedes instalar Bootstrap como una dependencia del proyecto. Por ejemplo:

```
npm install bootstrap
```

Una vez que los archivos de Bootstrap están incluidos en tu proyecto, puedes comenzar a usar las clases y componentes de Bootstrap en tu HTML.

Uso de la Rejilla (Grid System) para Crear Diseños Responsivos

Bootstrap utiliza un sistema de rejilla (grid system) basado en filas (`row`) y columnas (`col`) para crear diseños responsivos. Aquí está el uso básico del sistema de rejilla:

- Filas (`row`): Una fila debe envolver las columnas en Bootstrap y se utiliza para crear un contenedor horizontal.

```
<div class="row">
```

-
- Columnas (`col`): Las columnas determinan cómo se distribuye el contenido dentro de una fila en diferentes tamaños de pantalla.

```
<div class="row">
 <div class="col-md-6">Columna 1</div>
 <div class="col-md-6">Columna 2</div>
</div>
```
-

En el ejemplo anterior, las columnas se distribuirán en dos filas en dispositivos de tamaño medio (`md`) y superiores, ocupando cada una la mitad del ancho disponible en la fila.

Tipografía, Colores y Estilos Básicos

Bootstrap proporciona estilos CSS predefinidos para tipografía, colores y estilos básicos que puedes aplicar fácilmente a tu contenido:

Tipografía:
- Bootstrap incluye estilos para encabezados (`h1` a `h6`), párrafos (`p`), y otras etiquetas de texto. También puedes utilizar clases como `text-primary`, `text-success`, etc., para aplicar estilos de color a texto específico.

Colores:
- Bootstrap define una paleta de colores predefinida que puedes utilizar mediante clases como `bg-primary`, `bg-info`, etc., para aplicar colores de fondo a elementos.

Estilos Básicos:
- Bootstrap incluye estilos para botones, enlaces, formularios, tablas, y otros elementos HTML. Por ejemplo, puedes utilizar clases como `btn`, `btn-primary`, `form-control`, etc., para aplicar estilos predefinidos a estos elementos.

Ejemplo de uso de estilos de Bootstrap:

```html
<h1 class="text-primary">Título Principal</h1>
<p class="text-muted">Este es un párrafo con texto en color gris claro.</p>
<button class="btn btn-primary">Botón Principal</button>
<div class="bg-info text-white p-3">Este es un div con fondo azul y texto blanco.</div>
```

Estos fundamentos te permitirán comenzar a utilizar Bootstrap para desarrollar interfaces web de manera rápida y efectiva. A medida que explores más el framework, podrás aprovechar sus numerosos componentes y características avanzadas para crear diseños modernos y responsivos. Recuerda consultar la documentación oficial de Bootstrap para obtener información detallada sobre todas las clases y componentes disponibles.

Componentes Básicos de Bootstrap

En Bootstrap, los componentes básicos como botones, enlaces, formularios y navegación son fundamentales para construir interfaces web interactivas y funcionales. A continuación, te mostraré cómo utilizar estos componentes de manera efectiva:

Botones y Enlaces

Bootstrap proporciona clases predefinidas para estilizar botones y enlaces de manera rápida y sencilla. Aquí están algunos ejemplos:

- Botones:

```
<button type="button" class="btn btn-primary">Botón Primario</button>
<button type="button" class="btn btn-secondary">Botón Secundario</button>
<button type="button" class="btn btn-danger">Botón de Peligro</button>
```

- Enlaces como botones:

```
<a href="#" class="btn btn-primary">Enlace como Botón</a>
```

Formularios y Validación

Bootstrap facilita la creación de formularios responsivos y estilizados. Puedes utilizar clases predefinidas para organizar y estilizar elementos de formulario:

- Formulario básico:

```html
<form>
 <div class="mb-3">
 <label for="exampleInputEmail1" class="form-label">Correo Electrónico</label>
 <input type="email" class="form-control" id="exampleInputEmail1" aria-describedby="emailHelp">
 <div id="emailHelp" class="form-text">Nunca compartiremos tu correo electrónico con nadie más.</div>
 </div>
 <button type="submit" class="btn btn-primary">Enviar</button>
</form>
```

Validación de formularios:

Bootstrap proporciona clases para mostrar mensajes de validación y estilos a elementos de formulario:

```html
<input type="text" class="form-control is-invalid" placeholder="Campo Inválido">
```

```html
<div class="invalid-feedback">Por favor, completa
este campo.</div>
```

Navegación y Barras de Navegación

Bootstrap ofrece un conjunto de clases y componentes para crear menús de navegación responsivos y adaptables:

- Barra de Navegación (Navbar):

```html
<nav class="navbar navbar-expand-lg navbar-light
bg-light">
 <div class="container-fluid">
 <a class="navbar-brand" href="#">Mi Sitio</a>
 <button class="navbar-toggler" type="button"
data-bs-toggle="collapse" data-bs-target="#navbarNav"
aria-controls="navbarNav" aria-expanded="false"
aria-label="Toggle navigation">
 <span class="navbar-toggler-icon"></span>
 </button>
 <div class="collapse navbar-collapse"
id="navbarNav">
 <ul class="navbar-nav">
 <li class="nav-item">
 <a class="nav-link active" aria-current="page"
href="#">Inicio</a>
 </li>
 <li class="nav-item">
 <a class="nav-link" href="#">Servicios</a>
 </li>
 <li class="nav-item">
 <a class="nav-link" href="#">Acerca de</a>
 </li>
 <li class="nav-item">
```

```
    <a class="nav-link" href="#">Contacto</a>
   </li>
  </ul>
 </div>
 </div>
</nav>
```

Bootstrap permite personalizar fácilmente la apariencia y funcionalidad de los botones, enlaces, formularios y barras de navegación utilizando diferentes clases y opciones. Además, los componentes de Bootstrap son responsivos de forma nativa, lo que garantiza una experiencia de usuario coherente en dispositivos de diferentes tamaños. Te recomiendo explorar la documentación oficial de Bootstrap para obtener más información sobre cómo utilizar y personalizar estos componentes según tus necesidades específicas.

Componentes Avanzados de Bootstrap

Bootstrap ofrece una variedad de componentes avanzados que permiten crear interfaces web interactivas y visualmente atractivas. A continuación, te mostraré cómo utilizar algunos de estos componentes avanzados:

Tarjetas (Cards)

Las tarjetas (Cards) son contenedores flexibles que se utilizan para mostrar contenido de manera estructurada y visualmente atractiva. Pueden contener imágenes, texto, enlaces y otros elementos HTML. Aquí está un ejemplo básico de cómo usar tarjetas en Bootstrap:

```
<div class="card" style="width: 18rem;">
 <img src="..." class="card-img-top" alt="...">
 <div class="card-body">
 <h5 class="card-title">Título de la Tarjeta</h5>
 <p class="card-text">Descripción corta de la tarjeta.</p>
 <a href="#" class="btn btn-primary">Ver más</a>
 </div>
```

Puedes personalizar el contenido y el estilo de las tarjetas utilizando diferentes clases de Bootstrap, como `card`, `card-img-top`, `card-body`, `card-title`, `card-text`, etc.

Deslizadores (Carousels)

Los deslizadores (Carousels) permiten mostrar una serie de elementos (como imágenes o contenido) de forma dinámica, con la posibilidad de desplazarse automáticamente o mediante controles de navegación. Aquí está un ejemplo básico de cómo crear un carrusel en Bootstrap:

```html
<div id="carouselExampleControls" class="carousel slide" data-bs-ride="carousel">
 <div class="carousel-inner">
 <div class="carousel-item active">
 <img src="..." class="d-block w-100" alt="...">
 </div>
 <div class="carousel-item">
 <img src="..." class="d-block w-100" alt="...">
 </div>
 <div class="carousel-item">
 <img src="..." class="d-block w-100" alt="...">
 </div>
 </div>
 <button class="carousel-control-prev" type="button" data-bs-target="#carouselExampleControls" data-bs-slide="prev">
 <span class="carousel-control-prev-icon" aria-hidden="true"></span>
 <span class="visually-hidden">Anterior</span>
 </button>
```

```html
    <button class="carousel-control-next" type="button" data-bs-target="#carouselExampleControls" data-bs-slide="next">
     <span class="carousel-control-next-icon" aria-hidden="true"></span>
     <span class="visually-hidden">Siguiente</span>
    </button>
</div>
```

Puedes personalizar el contenido, la velocidad de transición y otros aspectos del carrusel utilizando clases y opciones de Bootstrap.

Modales y Ventanas Emergentes

Los modales y ventanas emergentes (Popovers) son componentes que se utilizan para mostrar contenido adicional de manera superpuesta en la interfaz. Los modales son especialmente útiles para mostrar mensajes, formularios o contenido interactivo. Aquí está un ejemplo de cómo crear un modal en Bootstrap:

```html
<!-- Botón para abrir el modal -->
<button type="button" class="btn btn-primary" data-bs-toggle="modal" data-bs-target="#exampleModal">
  Abrir Modal
</button>

<!-- Modal -->
<div class="modal fade" id="exampleModal" tabindex="-1" aria-labelledby="exampleModalLabel" aria-hidden="true">
 <div class="modal-dialog">
 <div class="modal-content">
 <div class="modal-header">
 <h5 class="modal-title" id="exampleModalLabel">Título del Modal</h5>
 <button type="button" class="btn-close" data-bs-dismiss="modal" aria-label="Close"></button>
 </div>
 <div class="modal-body">
 Contenido del modal.
 </div>
 <div class="modal-footer">
 <button type="button" class="btn btn-secondary" data-bs-dismiss="modal">Cerrar</button>
```

```
  <button type="button" class="btn
btn-primary">Guardar Cambios</button>
 </div>
 </div>
 </div>
</div>
```

Al hacer clic en el botón "Abrir Modal", se mostrará un modal con el contenido especificado. Puedes personalizar el contenido y el comportamiento del modal utilizando las clases y atributos de Bootstrap.

Estos componentes avanzados de Bootstrap te permiten agregar funcionalidades interactivas y mejorar la experiencia del usuario en tu aplicación web. Te recomiendo explorar la documentación oficial de Bootstrap para obtener más información sobre cómo utilizar y personalizar estos y otros componentes disponibles en el framework.

Personalización y Temas en Bootstrap

Bootstrap ofrece flexibilidad para personalizar su apariencia y crear temas personalizados mediante el uso de variables CSS y herramientas de Sass (Syntactically Awesome Style Sheets). A continuación, te mostraré cómo puedes utilizar estas funcionalidades para personalizar Bootstrap según tus necesidades:

Uso de Variables CSS para Personalizar Bootstrap

Bootstrap utiliza variables CSS para definir valores como colores, fuentes, tamaños y más. Puedes sobrescribir estas variables con tus propios valores para personalizar la apariencia de Bootstrap en tu proyecto.

Sobrescribir Variables CSS:

Para sobrescribir las variables CSS de Bootstrap, puedes definir tus propias variables CSS antes de importar los archivos de Bootstrap en tu proyecto. Por ejemplo:

```css
/* Personalizar variables de Bootstrap */
:root {
 --primary-color: #007bff;
 --secondary-color: #6c757d;
 --success-color: #28a745;
 --font-family-base: Arial, sans-serif;
}
```

Importar Bootstrap:

Luego, importa los archivos de Bootstrap y Sass en tu proyecto, permitiendo que tus variables personalizadas sobrescriban las variables predeterminadas de Bootstrap.

```scss
// Importar Bootstrap y sobrescribir variables
@import "bootstrap/bootstrap";
```

Utilizar Variables en Estilos:

Ahora puedes utilizar estas variables personalizadas en tus estilos CSS o Sass para aplicar tus propios estilos a los componentes de Bootstrap.

```css
/* Ejemplo de uso de variables personalizadas */
.btn-primary {
```

```
background-color: var(--primary-color);
color: #fff;
}
```

Creación de Temas y Estilos Personalizados

Además de personalizar las variables CSS, Bootstrap te permite crear temas completos y estilos personalizados utilizando Sass. Puedes modificar los estilos de componentes individuales o crear nuevos estilos para adaptarse al diseño de tu aplicación.

Sobrescribir Estilos de Componentes:

Utiliza Sass para sobrescribir los estilos de los componentes de Bootstrap según tus necesidades. Por ejemplo, puedes modificar el aspecto de los botones, las tarjetas o las barras de navegación.

```
// Modificar estilos de botones
.btn {
 border-radius: 20px;
}
```

Crear Estilos Personalizados:

Crea archivos Sass separados para tus estilos personalizados y luego importa estos estilos en tu proyecto después de importar Bootstrap. Esto te permite mantener una estructura modular y organizada.

```
// Estilos personalizados
@import "mis-estilos";
```

Compilación de Estilos:

Utiliza herramientas como Node.js y Sass para compilar tus archivos Sass en un archivo CSS final que incluya tus estilos personalizados y los estilos de Bootstrap.

```
sass mi-archivo.scss mi-archivo.css
```

Al personalizar Bootstrap con variables CSS y estilos personalizados, puedes crear temas únicos y adaptar el diseño de Bootstrap a las necesidades específicas de tu proyecto. Te recomiendo explorar la documentación oficial de Bootstrap y Sass para obtener más información sobre cómo utilizar estas funcionalidades de personalización de manera efectiva.

Integración con JavaScript en Bootstrap

Bootstrap ofrece una variedad de plugins y componentes interactivos que pueden mejorarse aún más mediante el uso de JavaScript. A continuación, te mostraré cómo puedes integrar y utilizar plugins y funcionalidades dinámicas en Bootstrap con JavaScript:

Uso de Plugins y Componentes Interactivos

Bootstrap incluye varios plugins y componentes interactivos que funcionan con JavaScript para proporcionar funcionalidades avanzadas y mejorar la experiencia del usuario. Algunos ejemplos populares son:

Modal (Ventanas Modales):

Utiliza JavaScript para mostrar y controlar ventanas modales.

```
<!-- Botón para abrir un modal -->
<button type="button" class="btn btn-primary" data-bs-toggle="modal" data-bs-target="#exampleModal">
 Abrir Modal
</button>

<!-- Modal -->
<div class="modal fade" id="exampleModal" tabindex="-1" aria-labelledby="exampleModalLabel" aria-hidden="true">
  <div class="modal-dialog">
```

```html
    <div class="modal-content">
    <!-- Contenido del modal -->
    </div>
   </div>
</div>
```

Carousels (Deslizadores):

Utiliza JavaScript para implementar deslizadores de imágenes o contenido.

```html
<div id="carouselExampleIndicators" class="carousel slide" data-bs-ride="carousel">
  <div class="carousel-inner">
  <!-- Contenido del carrusel -->
  </div>
  <button class="carousel-control-prev" type="button" data-bs-target="#carouselExampleIndicators" data-bs-slide="prev">
  <!-- Controles de navegación -->
  </button>
  <button class="carousel-control-next" type="button" data-bs-target="#carouselExampleIndicators" data-bs-slide="next">
  <!-- Controles de navegación -->
  </button>
</div>
```

Popover (Ventanas Emergentes):

Utiliza JavaScript para mostrar ventanas emergentes con contenido adicional.

```
<button type="button" class="btn btn-secondary"
data-bs-toggle="popover" title="Título del Popover"
data-bs-content="Contenido del Popover">
 Mostrar Popover
</button>

<script>
 // Inicializar popovers utilizando JavaScript
 var popoverTriggerList =
[].slice.call(document.querySelectorAll('[data-bs-tog
gle="popover"]'))
 var popoverList = popoverTriggerList.map(function
(popoverTriggerEl) {
  return new bootstrap.Popover(popoverTriggerEl)
 })
</script>
```

Incorporación de Funcionalidades Dinámicas con JavaScript

Además de los plugins integrados de Bootstrap, puedes utilizar JavaScript para añadir funcionalidades dinámicas personalizadas a tus aplicaciones web que complementen los componentes de Bootstrap. Por ejemplo:

Manipulación del DOM:

Utiliza JavaScript para modificar el contenido del DOM y actualizar elementos de la interfaz de usuario de forma dinámica.

```
// Ejemplo: Cambiar el contenido de un elemento
document.getElementById("miElemento").innerHTML = "Nuevo Contenido";
```

Eventos Interactivos:

Añade interactividad a través de eventos JavaScript como clics, cambios, desplazamientos, etc.

```
// Ejemplo: Mostrar un mensaje al hacer clic en un botón
document.getElementById("miBoton").addEventListener("click", function() {
  alert("¡Has hecho clic en el botón!");
});
```

Comunicación con Servidores:

Utiliza JavaScript para realizar solicitudes HTTP (AJAX) y comunicarte con servidores para obtener o enviar datos de forma asíncrona.

```
// Ejemplo: Realizar una solicitud GET utilizando Fetch API
fetch('https://api.example.com/data')
 .then(response => response.json())
 .then(data => console.log(data))
 .catch(error => console.error('Error:', error));
```

Al integrar JavaScript con Bootstrap, puedes crear experiencias web más dinámicas e interactivas para tus usuarios. Asegúrate de consultar la documentación oficial de Bootstrap y las API de JavaScript para obtener más información sobre cómo utilizar estos componentes y funcionalidades de manera efectiva en tus proyectos.

Optimización y Buenas Prácticas con Bootstrap

Optimizar el rendimiento y seguir buenas prácticas de diseño y accesibilidad son fundamentales para desarrollar sitios web efectivos y accesibles utilizando Bootstrap. A continuación, te proporciono algunos consejos y mejores prácticas que puedes seguir:

Optimización del Rendimiento

1. Minimiza el Uso de CSS y JavaScript: Utiliza solo los componentes y estilos de Bootstrap que necesites en tu proyecto. Considera personalizar Bootstrap para incluir solo lo necesario y elimina el código innecesario para reducir el tamaño de los archivos CSS y JavaScript.
2. Comprime y Minimiza Archivos: Utiliza herramientas como Sass para compilar y minificar tus archivos CSS y JavaScript antes de implementarlos en producción. Esto reduce el tamaño de los archivos y mejora el tiempo de carga de la página.
3. Carga Asíncrona de Recursos: Utiliza atributos async y defer para cargar archivos JavaScript de forma asincrónica y optimizar el tiempo de carga de la página.
4. Optimiza Imágenes y Multimedia: Utiliza formatos de imagen optimizados (como JPEG o WebP) y comprime las imágenes para reducir el tamaño de descarga. Considera utilizar técnicas de lazy loading para cargar imágenes bajo demanda.
5. Cacheo de Recursos: Configura adecuadamente la configuración de cacheo en el servidor para almacenar en caché archivos estáticos como CSS, JavaScript e imágenes y mejorar el rendimiento de carga de la página.

Mejores Prácticas de Diseño y Accesibilidad

1. Diseño Responsivo: Asegúrate de que tu sitio web sea totalmente responsivo y se adapte correctamente a diferentes tamaños de pantalla, desde dispositivos móviles hasta computadoras de escritorio.
2. Contraste de Colores: Utiliza combinaciones de colores con suficiente contraste para garantizar la legibilidad y la accesibilidad para usuarios con discapacidades visuales.
3. Etiquetado Semántico: Utiliza etiquetas HTML semánticas adecuadamente .
4. Utiliza Semántica HTML Correcta: Asegúrate de utilizar etiquetas HTML semánticas adecuadas (por ejemplo, `<header>`, `<nav>`, `<main>`, `<footer>`) para estructurar correctamente el contenido de tu página y facilitar la navegación para los lectores de pantalla.
5. Añade Atributos ARIA: Usa atributos ARIA (Accessible Rich Internet Applications) para mejorar la accesibilidad de los elementos interactivos. Por ejemplo, `role="button"` en elementos que actúan como botones.
6. Combinaciones de Color: Elige combinaciones de colores que cumplan con las pautas de contraste WCAG (Web Content Accessibility Guidelines) para garantizar que el texto sea legible para todos los usuarios, especialmente aquellos con discapacidades visuales.
7. Tamaño y Espaciado: Utiliza tamaños de fuente legibles y suficiente espacio entre elementos para mejorar la legibilidad y la interactividad. Evita el uso excesivo de elementos pequeños o controles demasiado juntos.
8. Teclado Navegable: Verifica que todos los elementos interactivos puedan ser accedidos y utilizados fácilmente utilizando solo el teclado, sin depender de dispositivos de puntero como el ratón.
9. Prueba de Accesibilidad: Utiliza herramientas de prueba de accesibilidad como Lighthouse, Axe, o Wave para identificar posibles problemas de accesibilidad en tu sitio web y corregirlos.

10. Etiquetas Descriptivas: Utiliza etiquetas descriptivas y alternativas (`alt`) en imágenes y otros elementos multimedia para proporcionar una experiencia más rica para usuarios con discapacidades visuales.
11. Compatibilidad con Lectores de Pantalla: Verifica que tu diseño funcione correctamente con lectores de pantalla populares como NVDA, JAWS o VoiceOver, asegurándote de que los elementos se lean correctamente y sean navegables.
12. Educación Continua: Mantente actualizado sobre las mejores prácticas de diseño y accesibilidad web, y continúa aprendiendo sobre cómo mejorar la experiencia para todos los usuarios, independientemente de sus capacidades.

Siguiendo estas prácticas, puedes crear interfaces web con Bootstrap que sean más inclusivas y accesibles para todos los usuarios, cumpliendo con estándares de accesibilidad y brindando una experiencia óptima para cada visitante de tu sitio.

Desarrollo Avanzado con Bootstrap

Integración con Frameworks Front-end Adicionales

Bootstrap puede integrarse fácilmente con otros frameworks front-end como React, Angular, Vue.js, y más. Esta integración te permite aprovechar las características y componentes de Bootstrap dentro de aplicaciones desarrolladas con estos frameworks. Aquí te muestro cómo puedes integrar Bootstrap con algunos frameworks populares:

Integración con React

Instalación de Bootstrap en React:

Puedes instalar Bootstrap en un proyecto de React utilizando `npm` o `yarn`:

```
npm install bootstrap
```

Importar Estilos y Componentes de Bootstrap:

Importa los estilos de Bootstrap y sus componentes en tus componentes de React:

```
// Importar estilos de Bootstrap
import 'bootstrap/dist/css/bootstrap.min.css';

// Importar componentes de Bootstrap
import { Button, Navbar, Container } from
'react-bootstrap';
```

Utilizar Componentes de Bootstrap en Componentes de React:

Ahora puedes utilizar los componentes de Bootstrap en tus componentes de React:

```
const App = () => {
 return (
 <Navbar bg="light" expand="lg">
 <Container>
 <Navbar.Brand href="#">Mi Aplicación</Navbar.Brand>
 <Navbar.Toggle aria-controls="basic-navbar-nav" />
 <Navbar.Collapse id="basic-navbar-nav">
 <Nav className="me-auto">
 <Nav.Link href="#">Inicio</Nav.Link>
 <Nav.Link href="#">Acerca de</Nav.Link>
 <Nav.Link href="#">Contacto</Nav.Link>
 </Nav>
 </Navbar.Collapse>
 </Container>
 </Navbar>
 );
};
```

Integración con Angular

Instalación de Bootstrap en Angular:

1. Instala Bootstrap en tu proyecto Angular utilizando `npm`:

```
npm install bootstrap
```

Agregar Estilos de Bootstrap en Angular:

2. Agrega los estilos de Bootstrap en el archivo `styles.scss` de tu proyecto Angular:

```
@import '~bootstrap/dist/css/bootstrap.min.css';
```

Utilizar Componentes de Bootstrap en Componentes de Angular:

3. Ahora puedes utilizar los componentes de Bootstrap en tus componentes de Angular:

```
import { Component } from '@angular/core';

@Component({
 selector: 'app-navbar',
 template: `
 <nav class="navbar navbar-expand-lg navbar-light bg-light">
 <div class="container-fluid">
 <a class="navbar-brand" href="#">Mi Aplicación</a>
 <div class="collapse navbar-collapse" id="navbarNav">
```

```
    <ul class="navbar-nav">
    <li class="nav-item">
    <a class="nav-link" href="#">Inicio</a>
    </li>
    <li class="nav-item">
    <a class="nav-link" href="#">Acerca de</a>
    </li>
    <li class="nav-item">
    <a class="nav-link" href="#">Contacto</a>
    </li>
    </ul>
    </div>
    </div>
    </nav>
    `,
})
export class NavbarComponent {}
```

Ejemplos de Proyectos Complejos Desarrollados con Bootstrap.

Bootstrap es ampliamente utilizado en proyectos complejos y aplicaciones de gran escala debido a su flexibilidad y facilidad de uso. Aquí hay algunos ejemplos de proyectos notables desarrollados con Bootstrap:

Twitter:
: Twitter utiliza Bootstrap para su interfaz de usuario, incluyendo la disposición de la página, los componentes de navegación, tarjetas de tweets, formularios y más.

Netflix:
: Netflix utiliza Bootstrap para partes de su sitio web, incluyendo la interfaz de usuario del administrador y herramientas internas.

Trello:
: Trello utiliza Bootstrap para crear una interfaz de usuario responsive y escalable que permite a los usuarios gestionar proyectos y tareas de forma efectiva.

Lyft:
: Lyft utiliza Bootstrap para su sitio web y paneles de administración internos, facilitando la gestión de conductores y viajes.

Spotify:
: Spotify utiliza Bootstrap en su sitio web para diseñar la interfaz de usuario de forma responsive, permitiendo a los usuarios acceder y explorar música de manera intuitiva en diferentes dispositivos.

GitHub:
: GitHub utiliza Bootstrap en partes de su interfaz de usuario, incluyendo la disposición de los repositorios y la navegación, proporcionando una experiencia consistente para los desarrolladores que utilizan la plataforma.

Airbnb:
> Airbnb utiliza Bootstrap en su sitio web para proporcionar una interfaz de usuario limpia y responsiva que permite a los usuarios navegar y reservar alojamientos de forma sencilla.

Estos ejemplos demuestran cómo Bootstrap puede ser utilizado en aplicaciones complejas y de gran escala. Al integrar Bootstrap con otros frameworks front-end y aprovechar sus características avanzadas, puedes construir aplicaciones web modernas y robustas de manera eficiente.

Ejemplos Detallados de Aplicaciones Web Construidas con Bootstrap.

Bootstrap es utilizado en una amplia variedad de aplicaciones web, desde sitios simples hasta aplicaciones complejas. A continuación, te proporciono ejemplos detallados de aplicaciones web construidas con Bootstrap:

Ejemplo 1: Blog Personal

Un blog personal es un excelente ejemplo de una aplicación web construida con Bootstrap. Puedes utilizar Bootstrap para diseñar la interfaz de usuario, incluyendo la disposición de las publicaciones, la navegación, formularios de comentarios, y más. Aquí hay un ejemplo básico de cómo podrías estructurar un blog personal utilizando Bootstrap:

Página de Inicio:
- La página de inicio puede mostrar las últimas publicaciones con un diseño responsivo utilizando el sistema de rejilla de Bootstrap.

Página de Publicación:
- Cada publicación puede tener un diseño de tarjeta utilizando componentes de Bootstrap, con botones de compartir en redes sociales y formularios de comentarios.

Navegación:
- Utiliza una barra de navegación con menú desplegable para facilitar la navegación por el blog en diferentes dispositivos.

Formularios:
- Implementa formularios de contacto o suscripción utilizando los estilos predefinidos de Bootstrap para una apariencia limpia y profesional.

Ejemplo 2: Tienda en Línea

Una tienda en línea es otro ejemplo común de una aplicación web construida con Bootstrap. Bootstrap proporciona componentes y estilos listos para usar que son ideales para la construcción de interfaces de usuario de comercio electrónico. Aquí hay un ejemplo de cómo podrías estructurar una tienda en línea utilizando Bootstrap:

Página de Inicio:
- La página de inicio puede incluir un carrusel de productos destacados y un diseño responsivo de categorías de productos utilizando componentes de Bootstrap.

Página de Producto:
- Cada producto puede tener una tarjeta detallada con imágenes deslizantes, botones de compra y detalles de producto organizados en columnas de Bootstrap.

Carrito de Compras:
- Utiliza un modal o una página dedicada para mostrar el carrito de compras con funcionalidad interactiva para añadir, eliminar y actualizar productos.

Proceso de Pago:
- Implementa un diseño responsivo para el proceso de pago, incluyendo formularios de dirección y métodos de pago utilizando los estilos de Bootstrap para una experiencia de usuario fluida.

Ejercicios Básicos para Aprender Bootstrap

Ejercicio 1: Crear una Página Básica

Crea una página HTML básica e importa Bootstrap CSS para establecer un diseño responsivo.

Solución:

```
<!DOCTYPE html>
<html lang="es">
<head>
  <meta charset="UTF-8">
  <meta name="viewport" content="width=device-width, initial-scale=1.0">
  <title>Mi Primera Página con Bootstrap</title>
  <link href="https://cdn.jsdelivr.net/npm/bootstrap@5.3.0/dist/css/bootstrap.min.css" rel="stylesheet">
</head>
<body>
  <div class="container">
```

```html
    <h1>Bienvenido a mi primera página con Bootstrap</h1>
    <p>Este es un ejemplo básico para comenzar a usar Bootstrap.</p>
  </div>

  <script src="https://cdn.jsdelivr.net/npm/bootstrap@5.3.0/dist/js/bootstrap.bundle.min.js"></script>
</body>
</html>
```

Ejercicio 2: Uso del Sistema de Rejilla (Grid System)

Crea un diseño de dos columnas utilizando el sistema de rejilla de Bootstrap.

Solución:

```
<div class="container">
  <div class="row">
    <div class="col-md-6">
      <p>Columna 1</p>
    </div>
    <div class="col-md-6">
      <p>Columna 2</p>
    </div>
  </div>
</div>
```

Ejercicio 3: Botones y Estilos

Utiliza los estilos predefinidos de Bootstrap para crear varios tipos de botones.

Solución:

```html
<div class="container">
  <button class="btn btn-primary">Botón Primario</button>
  <button class="btn btn-secondary">Botón Secundario</button>
  <button class="btn btn-success">Éxito</button>
  <button class="btn btn-danger">Error</button>
</div>
```

Ejercicio 4: Barra de Navegación

Crea una barra de navegación responsiva utilizando componentes de Bootstrap.

Solución:

```
<nav class="navbar navbar-expand-lg navbar-light bg-light">
  <div class="container">
    <a class="navbar-brand" href="#">Mi Sitio</a>
    <button class="navbar-toggler" type="button" data-bs-toggle="collapse" data-bs-target="#navbarNav" aria-controls="navbarNav" aria-expanded="false" aria-label="Toggle navigation">
      <span class="navbar-toggler-icon"></span>
    </button>
    <div class="collapse navbar-collapse" id="navbarNav">
      <ul class="navbar-nav">
        <li class="nav-item">
          <a class="nav-link" href="#">Inicio</a>
        </li>
        <li class="nav-item">
          <a class="nav-link" href="#">Servicios</a>
        </li>
        <li class="nav-item">
          <a class="nav-link" href="#">Contacto</a>
```

```
            </li>
         </ul>
      </div>
   </div>
</nav>
```

Ejercicio 5: Tarjetas (Cards)

Crea tarjetas con contenido utilizando el componente de tarjeta de Bootstrap.

Solución:

```
<div class="container">
  <div class="row">
    <div class="col-md-4">
      <div class="card">
        <div class="card-body">
          <h5 class="card-title">Tarjeta 1</h5>
          <p class="card-text">Este es el contenido de la tarjeta 1.</p>
        </div>
      </div>
    </div>
    <div class="col-md-4">
      <div class="card">
        <div class="card-body">
          <h5 class="card-title">Tarjeta 2</h5>
          <p class="card-text">Este es el contenido de la tarjeta 2.</p>
```

```html
      </div>
    </div>
  </div>
  <div class="col-md-4">
    <div class="card">
      <div class="card-body">
        <h5 class="card-title">Tarjeta 3</h5>
        <p class="card-text">Este es el contenido de la tarjeta 3.</p>
      </div>
    </div>
  </div>
 </div>
</div>
```

Ejercicio 6: Formulario de Contacto

Crea un formulario de contacto utilizando componentes de formulario de Bootstrap.

Solución:

```html
<div class="container">

  <form>

    <div class="mb-3">

      <label for="nombre" class="form-label">Nombre</label>

      <input type="text" class="form-control" id="nombre">

    </div>

    <div class="mb-3">

      <label for="email" class="form-label">Correo Electrónico</label>

      <input type="email" class="form-control" id="email">

    </div>

    <div class="mb-3">
```

```html
        <label for="mensaje" class="form-label">Mensaje</label>
        <textarea class="form-control" id="mensaje" rows="3"></textarea>
    </div>
    <button type="submit" class="btn btn-primary">Enviar Mensaje</button>
  </form>
</div>
```

Ejercicio 7: Componente de Alerta

Utiliza el componente de alerta de Bootstrap para mostrar mensajes de éxito, advertencia o error.

Solución:

```
<div class="container">
  <div class="alert alert-success" role="alert">
    ¡Éxito! Tu mensaje ha sido enviado.
  </div>
  <div class="alert alert-warning" role="alert">
    Advertencia: Este sitio está en mantenimiento.
  </div>
  <div class="alert alert-danger" role="alert">
    Error: Se ha producido un problema inesperado.
  </div>
</div>
```

Ejercicio 8: Barra de Progreso

Utiliza el componente de barra de progreso de Bootstrap para mostrar el progreso de una tarea.

Solución:

```html
<div class="container">
  <div class="progress">
    <div class="progress-bar" role="progressbar" style="width: 25%;" aria-valuenow="25" aria-valuemin="0" aria-valuemax="100">25%</div>
  </div>
</div>
```

Ejercicio 9: Deslizadores (Carousels)

Crea un deslizador de imágenes utilizando el componente de carrusel de Bootstrap.

Solución:

```
<div id="carouselExampleSlidesOnly" class="carousel slide" data-bs-ride="carousel">
  <div class="carousel-inner">
    <div class="carousel-item active">
      <img src="imagen1.jpg" class="d-block w-100" alt="Imagen 1">
    </div>
    <div class="carousel-item">
      <img src="imagen2.jpg" class="d-block w-100" alt="Imagen 2">
    </div>
    <div class="carousel-item">
      <img src="imagen3.jpg" class="d-block w-100" alt="Imagen 3">
    </div>
  </div>
</div>
```

Ejercicio 10: Modal (Ventana Modal)

Crea una ventana modal utilizando el componente modal de Bootstrap.

Solución:

```
<div class="container">
  <button type="button" class="btn btn-primary" data-bs-toggle="modal" data-bs-target="#exampleModal">
    Abrir Ventana Modal
  </button>

  <div class="modal fade" id="exampleModal" tabindex="-1" aria-labelledby="exampleModalLabel" aria-hidden="true">
    <div class="modal-dialog">
      <div class="modal-content">
        <div class="modal-header">
          <h5 class="modal-title" id="exampleModalLabel">Ventana Modal</h5>
          <button type="button" class="btn-close" data-bs-dismiss="modal" aria-label="Close"></button>
        </div>
        <div class="modal-body">
          Contenido de la ventana modal.
        </div>
        <div class="modal-footer">
```

```html
            <button type="button" class="btn btn-secondary" data-bs-dismiss="modal">Cerrar</button>
            <button type="button" class="btn btn-primary">Guardar Cambios</button>
          </div>
        </div>
      </div>
    </div>
</div>
```

Ejercicio 11: Uso de Iconos

Utiliza iconos de Bootstrap para mejorar la interfaz de usuario.

Solución:

```
<div class="container">
  <h3>Iconos de Bootstrap</h3>
  <i class="bi bi-heart"></i>
  <i class="bi bi-star"></i>
  <i class="bi bi-envelope"></i>
</div>
```

Ejercicio 12: Listas de Grupos

Crea listas de elementos utilizando grupos de listas de Bootstrap.

Solución:

```
<div class="container">
 <ul class="list-group">
 <li class="list-group-item">Elemento 1</li>
 <li class="list-group-item">Elemento 2</li>
 <li class="list-group-item">Elemento 3</li>
 </ul>
</div>
```

Ejercicio 13: Tablas Responsivas

Crea una tabla responsiva utilizando estilos de tabla de Bootstrap.

Solución:

```
<div class="container">
  <table class="table">
    <thead>
      <tr>
        <th>#</th>
        <th>Nombre</th>
        <th>Correo Electrónico</th>
      </tr>
    </thead>
    <tbody>
      <tr>
        <td>1</td>
        <td>Juan Pérez</td>
        <td>juan@example.com</td>
      </tr>
      <tr>
        <td>2</td>
        <td>Maria García</td>
        <td>maria@example.com</td>
```

```
        </tr>
      </tbody>
    </table>
  </div>
```

Ejercicio 14: Píldoras (Pills) de Navegación

Crea una navegación de píldoras utilizando componentes de píldoras de Bootstrap.

Solución:

```html
<div class="container">
  <ul class="nav nav-pills">
    <li class="nav-item">
      <a class="nav-link active" href="#">Inicio</a>
    </li>
    <li class="nav-item">
      <a class="nav-link" href="#">Servicios</a>
    </li>
    <li class="nav-item">
      <a class="nav-link" href="#">Contacto</a>
    </li>
  </ul>
</div>
```

Ejercicio 15: Formulario de Registro

Crea un formulario de registro utilizando componentes de formulario de Bootstrap.

Solución:

```
<div class="container">
  <form>
    <div class="mb-3">
      <label for="nombre" class="form-label">Nombre</label>
      <input type="text" class="form-control" id="nombre">
    </div>
    <div class="mb-3">
      <label for="email" class="form-label">Correo Electrónico</label>
      <input type="email" class="form-control" id="email">
    </div>
    <div class="mb-3">
      <label for="password" class="form-label">Contraseña</label>
      <input type="password" class="form-control" id="password">
```

```html
        </div>
        <button type="submit" class="btn btn-primary">Registrarse</button>
    </form>
</div>
```

Ejercicio 16: Tooltip

Agrega tooltips interactivos utilizando componentes de tooltip de Bootstrap.

Solución:

```
<div class="container mt-5">
  <button type="button" class="btn btn-primary" data-bs-toggle="tooltip" data-bs-placement="top" title="Este es un tooltip">
    Pasa el ratón aquí
  </button>
</div>
<script>
  var tooltipTriggerList = [].slice.call(document.querySelectorAll('[data-bs-toggle="tooltip"]'));
  var tooltipList = tooltipTriggerList.map(function (tooltipTriggerEl) {
    return new bootstrap.Tooltip(tooltipTriggerEl);
  });
</script>
```

Ejercicio 17: Collapse

Agrega un componente de collapse para mostrar/ocultar contenido.

Solución:

```html
<div class="container mt-5">
  <button class="btn btn-primary" type="button" data-bs-toggle="collapse" data-bs-target="#collapseExample" aria-expanded="false" aria-controls="collapseExample">
    Mostrar/Ocultar Contenido
  </button>
  <div class="collapse" id="collapseExample">
    <div class="card card-body">
      Este es el contenido que se mostrará u ocultará.
    </div>
  </div>
</div>
```

Ejercicio 18: Navbar con Dropdown

Crea una barra de navegación con un menú desplegable utilizando componentes de Bootstrap.

Solución:

```html
<nav class="navbar navbar-expand-lg navbar-light bg-light">

  <div class="container">

    <a class="navbar-brand" href="#">Mi Sitio</a>

    <button class="navbar-toggler" type="button" data-bs-toggle="collapse" data-bs-target="#navbarNavDropdown" aria-controls="navbarNavDropdown" aria-expanded="false" aria-label="Toggle navigation">

      <span class="navbar-toggler-icon"></span>

    </button>

    <div class="collapse navbar-collapse" id="navbarNavDropdown">

      <ul class="navbar-nav">

        <li class="nav-item">

          <a class="nav-link" href="#">Inicio</a>

        </li>

        <li class="nav-item dropdown">
```

```html
            <a class="nav-link dropdown-toggle" href="#" id="navbarDropdownMenuLink" role="button" data-bs-toggle="dropdown" aria-expanded="false">
              Productos
            </a>
            <ul class="dropdown-menu" aria-labelledby="navbarDropdownMenuLink">
              <li><a class="dropdown-item" href="#">Producto 1</a></li>
              <li><a class="dropdown-item" href="#">Producto 2</a></li>
              <li><a class="dropdown-item" href="#">Producto 3</a></li>
            </ul>
          </li>
          <li class="nav-item">
            <a class="nav-link" href="#">Contacto</a>
          </li>
        </ul>
      </div>
   </div>
</nav>
```

Ejercicio 19: Utilizar Cards para Imágenes

Utiliza componentes de tarjeta de Bootstrap para mostrar imágenes con descripciones.

Solución:

```
<div class="container">
  <div class="card" style="width: 18rem;">
    <img src="imagen.jpg" class="card-img-top" alt="...">
    <div class="card-body">
      <h5 class="card-title">Imagen 1</h5>
      <p class="card-text">Descripción de la imagen 1.</p>
    </div>
  </div>
</div>
```

Ejercicio 20: Crear una Modal

Crea una ventana modal utilizando componentes de modal de Bootstrap.

Solución:

```
<div class="container">
  <button type="button" class="btn btn-primary" data-bs-toggle="modal" data-bs-target="#exampleModal">
    Abrir Ventana Modal
  </button>

  <div class="modal fade" id="exampleModal" tabindex="-1" aria-labelledby="exampleModalLabel" aria-hidden="true">
    <div class="modal-dialog">
      <div class="modal-content">
        <div class="modal-header">
          <h5 class="modal-title" id="exampleModalLabel">Ventana Modal</h5>
          <button type="button" class="btn-close" data-bs-dismiss="modal" aria-label="Close"></button>
```

```html
      </div>
      <div class="modal-body">
        Contenido de la ventana modal.
      </div>
      <div class="modal-footer">
        <button type="button" class="btn btn-secondary" data-bs-dismiss="modal">Cerrar</button>
        <button type="button" class="btn btn-primary">Guardar Cambios</button>
      </div>
    </div>
  </div>
</div>
```

Ejercicio 21: Navbar con Brand y Dropdown

Crea una barra de navegación con un logo de marca y un menú desplegable utilizando componentes de Bootstrap.

Solución:

```
<nav class="navbar navbar-expand-lg navbar-light bg-light">
  <div class="container">
    <a class="navbar-brand" href="#">Mi Sitio</a>
    <button class="navbar-toggler" type="button" data-bs-toggle="collapse" data-bs-target="#navbarNavDropdown" aria-controls="navbarNavDropdown" aria-expanded="false" aria-label="Toggle navigation">
      <span class="navbar-toggler-icon"></span>
    </button>
    <div class="collapse navbar-collapse" id="navbarNavDropdown">
      <ul class="navbar-nav">
        <li class="nav-item">
          <a class="nav-link" href="#">Inicio</a>
```

```html
        </li>
        <li class="nav-item dropdown">
          <a class="nav-link dropdown-toggle" href="#" id="navbarDropdownMenuLink" role="button" data-bs-toggle="dropdown" aria-expanded="false">
            Productos
          </a>
          <ul class="dropdown-menu" aria-labelledby="navbarDropdownMenuLink">
            <li><a class="dropdown-item" href="#">Producto 1</a></li>
            <li><a class="dropdown-item" href="#">Producto 2</a></li>
            <li><a class="dropdown-item" href="#">Producto 3</a></li>
          </ul>
        </li>
        <li class="nav-item">
          <a class="nav-link" href="#">Contacto</a>
        </li>
      </ul>
    </div>
  </div>
</nav>
```

Ejercicio 22: Carousel con Contenido Dinámico

Crea un carrusel (carousel) con contenido dinámico utilizando componentes de Bootstrap.

Solución:

```html
<div id="carouselExampleSlidesOnly" class="carousel slide" data-bs-ride="carousel">
  <div class="carousel-inner">
    <div class="carousel-item active">
      <img src="imagen1.jpg" class="d-block w-100" alt="Imagen 1">
      <div class="carousel-caption d-none d-md-block">
        <h5>Título 1</h5>
        <p>Descripción de la imagen 1.</p>
      </div>
    </div>
    <div class="carousel-item">
      <img src="imagen2.jpg" class="d-block w-100" alt="Imagen 2">
      <div class="carousel-caption d-none d-md-block">
        <h5>Título 2</h5>
        <p>Descripción de la imagen 2.</p>
      </div>
    </div>
    <div class="carousel-item">
      <img src="imagen3.jpg" class="d-block w-100" alt="Imagen 3">
```

```html
            <div class="carousel-caption d-none d-md-block">
                <h5>Título 3</h5>
                <p>Descripción de la imagen 3.</p>
            </div>
        </div>
    </div>
</div>
```

Ejercicio 23: Tabs Dinámicos

Crea pestañas (tabs) dinámicos utilizando componentes de Bootstrap.

Solución:

```
<ul class="nav nav-tabs" id="myTab" role="tablist">
  <li class="nav-item" role="presentation">
    <button class="nav-link active" id="home-tab" data-bs-toggle="tab" data-bs-target="#home" type="button" role="tab" aria-controls="home" aria-selected="true">Inicio</button>
  </li>
  <li class="nav-item" role="presentation">
    <button class="nav-link" id="profile-tab" data-bs-toggle="tab" data-bs-target="#profile" type="button" role="tab" aria-controls="profile" aria-selected="false">Perfil</button>
  </li>
  <li class="nav-item" role="presentation">
```

```html
    <button class="nav-link" id="contact-tab" data-bs-toggle="tab" data-bs-target="#contact" type="button" role="tab" aria-controls="contact" aria-selected="false">Contacto</button>

  </li>

</ul>

<div class="tab-content" id="myTabContent">

  <div class="tab-pane fade show active" id="home" role="tabpanel" aria-labelledby="home-tab">

    Contenido de la pestaña de Inicio.

  </div>

  <div class="tab-pane fade" id="profile" role="tabpanel" aria-labelledby="profile-tab">

    Contenido de la pestaña de Perfil.

  </div>

  <div class="tab-pane fade" id="contact" role="tabpanel" aria-labelledby="contact-tab">

    Contenido de la pestaña de Contacto.

  </div>

</div>
```

Ejercicio 24: Utilizar Cards con Imágenes

Utiliza componentes de tarjeta de Bootstrap para mostrar imágenes con títulos y descripciones.

Solución:

```
<div class="container">
  <div class="card" style="width: 18rem;">
    <img src="imagen.jpg" class="card-img-top" alt="...">
    <div class="card-body">
      <h5 class="card-title">Título de la Imagen</h5>
      <p class="card-text">Descripción de la imagen.</p>
      <a href="#" class="btn btn-primary">Ver Detalles</a>
    </div>
  </div>
</div>
```

Ejercicio 25: Dropdowns Anidados

Crea dropdowns anidados utilizando componentes de Bootstrap.

Solución:

```
<div class="container mt-3">
  <div class="dropdown">
    <button class="btn btn-secondary dropdown-toggle" type="button" id="dropdownMenuButton" data-bs-toggle="dropdown" aria-expanded="false">
      Seleccionar Categoría
    </button>
    <ul class="dropdown-menu" aria-labelledby="dropdownMenuButton">
      <li><a class="dropdown-item" href="#">Categoría 1</a></li>
      <li><a class="dropdown-item" href="#">Categoría 2</a></li>
      <li class="dropdown-submenu">
        <a class="dropdown-item dropdown-toggle" href="#" id="nestedDropdown" role="button" data-bs-toggle="dropdown" aria-expanded="false">
          Categoría 3
        </a>
        <ul class="dropdown-menu" aria-labelledby="nestedDropdown">
          <li><a class="dropdown-item" href="#">Subcategoría 1</a></li>
          <li><a class="dropdown-item" href="#">Subcategoría 2</a></li>
        </ul>
```

```
        </li>
      </ul>
    </div>
</div>
```

Ejercicio 26: Tarjeta de Producto con Precio

Crea tarjetas de producto con imágenes, nombres y precios utilizando componentes de Bootstrap.

Solución:

```
<div class="container">
  <div class="card" style="width: 18rem;">
    <img src="producto.jpg" class="card-img-top" alt="Producto">
    <div class="card-body">
      <h5 class="card-title">Nombre del Producto</h5>
      <p class="card-text">Descripción breve del producto.</p>
      <p class="card-text">$99.99</p>
      <a href="#" class="btn btn-primary">Añadir al Carrito</a>
    </div>
  </div>
</div>
```

Ejercicio 27: Barra de Progreso Animada

Crea una barra de progreso animada utilizando componentes de Bootstrap.

Solución:

```html
<div class="container mt-3">
  <div class="progress">
    <div class="progress-bar progress-bar-striped progress-bar-animated" role="progressbar" style="width: 75%;" aria-valuenow="75" aria-valuemin="0" aria-valuemax="100">75%</div>
  </div>
</div>
```

Ejercicio 28: Utilizar Collapse con Iconos

Agrega iconos de Bootstrap junto con el componente de collapse para mostrar/ocultar contenido.

Solución:

```
<div class="container mt-3">
  <p>
    <a class="btn btn-primary" data-bs-toggle="collapse" href="#collapseExample" role="button" aria-expanded="false" aria-controls="collapseExample">
      Mostrar/Ocultar Contenido <i class="bi bi-arrow-down"></i>
    </a>
  </p>
  <div class="collapse" id="collapseExample">
    <div class="card card-body">
      Este es el contenido que se mostrará u ocultará.
    </div>
  </div>
</div>
```

Ejercicio 29: Utilizar Alertas Dismissable

Crea alertas dismissable utilizando componentes de alerta de Bootstrap.

Solución:

```html
<div class="container mt-3">
  <div class="alert alert-success alert-dismissible fade show" role="alert">
    ¡Éxito! Tu mensaje ha sido enviado.
    <button type="button" class="btn-close" data-bs-dismiss="alert" aria-label="Close"></button>
  </div>
  <div class="alert alert-warning alert-dismissible fade show" role="alert">
    Advertencia: Este sitio está en mantenimiento.
    <button type="button" class="btn-close" data-bs-dismiss="alert" aria-label="Close"></button>
  </div>
</div>
```

Ejercicio 30: Utilizar Badge

Agrega badges para mostrar información adicional utilizando componentes de badge de Bootstrap.

Solución:

```
<div class="container mt-3">
  <h1>Hola, <span class="badge bg-primary">Usuario</span></h1>
  <button type="button" class="btn btn-danger">
    Notificaciones <span class="badge bg-light text-danger">5</span>
  </button>
</div>
```

Ejercicio 31: Utilizar Tooltip con Botones

Agrega tooltips a botones utilizando componentes de tooltip de Bootstrap.

Solución:

```html
<div class="container mt-3">
  <button type="button" class="btn btn-primary" data-bs-toggle="tooltip" data-bs-placement="top" title="Tooltip en la parte superior">
    Botón con Tooltip
  </button>
</div>

<script>
  var tooltipTriggerList = [].slice.call(document.querySelectorAll('[data-bs-toggle="tooltip"]'));
  var tooltipList = tooltipTriggerList.map(function (tooltipTriggerEl) {
    return new bootstrap.Tooltip(tooltipTriggerEl);
  });
</script>
```

Ejercicio 32: Utilizar Collapse con Accordion

Implementa un acordeón utilizando componentes de collapse de Bootstrap.

Solución:

```
<div class="container mt-3">
  <div id="accordion">
    <div class="accordion-item">
      <h2 class="accordion-header" id="headingOne">
        <button class="accordion-button" type="button" data-bs-toggle="collapse" data-bs-target="#collapseOne" aria-expanded="true" aria-controls="collapseOne">
          Sección 1
        </button>
      </h2>
      <div id="collapseOne" class="accordion-collapse collapse show" aria-labelledby="headingOne" data-bs-parent="#accordion">
        <div class="accordion-body">
          Contenido de la sección 1.
        </div>
      </div>
```

```html
      </div>
      <div class="accordion-item">
        <h2 class="accordion-header" id="headingTwo">
          <button class="accordion-button collapsed" type="button" data-bs-toggle="collapse" data-bs-target="#collapseTwo" aria-expanded="false" aria-controls="collapseTwo">
            Sección 2
          </button>
        </h2>
        <div id="collapseTwo" class="accordion-collapse collapse" aria-labelledby="headingTwo" data-bs-parent="#accordion">
          <div class="accordion-body">
            Contenido de la sección 2.
          </div>
        </div>
      </div>
    </div>
</div>
```

Ejercicio 33: Utilizar Popover

Agrega popovers interactivos utilizando componentes de popover de Bootstrap.

Solución:

```html
<div class="container mt-3">
  <button type="button" class="btn btn-secondary" data-bs-toggle="popover" title="Título del Popover" data-bs-content="Contenido del Popover">
    Mostrar Popover
  </button>
</div>

<script>
  var popoverTriggerList = [].slice.call(document.querySelectorAll('[data-bs-toggle="popover"]'));
  var popoverList = popoverTriggerList.map(function (popoverTriggerEl) {
    return new bootstrap.Popover(popoverTriggerEl);
  });
</script>
```

Ejercicio 34: Utilizar Progress Bar con Valor Dinámico

Crea una barra de progreso con un valor dinámico utilizando componentes de Bootstrap.

Solución:

```html
<div class="container mt-3">
  <div class="progress">
    <div class="progress-bar" role="progressbar" style="width: 50%;" aria-valuenow="50" aria-valuemin="0" aria-valuemax="100">50%</div>
  </div>
</div>
```

Ejercicio 35: Utilizar Navbar con Iconos

Integra iconos en una barra de navegación utilizando componentes de Bootstrap.

Solución:

```
<nav class="navbar navbar-expand-lg navbar-light bg-light">
  <div class="container">
    <a class="navbar-brand" href="#">
      <i class="bi bi-house-door"></i> Mi Sitio
    </a>
    <button class="navbar-toggler" type="button" data-bs-toggle="collapse" data-bs-target="#navbarNav" aria-controls="navbarNav" aria-expanded="false" aria-label="Toggle navigation">
      <span class="navbar-toggler-icon"></span>
    </button>
    <div class="collapse navbar-collapse" id="navbarNav">
      <ul class="navbar-nav ms-auto">
        <li class="nav-item">
          <a class="nav-link" href="#"><i class="bi bi-person"></i> Perfil</a>
        </li>
        <li class="nav-item">
```

```html
            <a class="nav-link" href="#"><i class="bi bi-bell"></i> Notificaciones</a>
        </li>
        <li class="nav-item">
            <a class="nav-link" href="#"><i class="bi bi-gear"></i> Configuración</a>
        </li>
     </ul>
   </div>
  </div>
</nav>
```

Ejercicio 36: Utilizar Modal con Formulario

Crea una ventana modal que contenga un formulario utilizando componentes de Bootstrap.

Solución:

```html
<div class="modal fade" id="exampleModal" tabindex="-1" aria-labelledby="exampleModalLabel" aria-hidden="true">
    <div class="modal-dialog">
      <div class="modal-content">
        <div class="modal-header">
          <h5 class="modal-title" id="exampleModalLabel">Formulario de Contacto</h5>
          <button type="button" class="btn-close" data-bs-dismiss="modal" aria-label="Close"></button>
        </div>
        <div class="modal-body">
          <form>
            <div class="mb-3">
              <label for="nombre" class="form-label">Nombre</label>
              <input type="text" class="form-control" id="nombre">
            </div>
            <div class="mb-3">
```

```html
            <label for="email" class="form-label">Correo Electrónico</label>
            <input type="email" class="form-control" id="email">
          </div>
          <div class="mb-3">
            <label for="mensaje" class="form-label">Mensaje</label>
            <textarea class="form-control" id="mensaje" rows="3"></textarea>
          </div>
        </form>
      </div>
      <div class="modal-footer">
        <button type="button" class="btn btn-secondary" data-bs-dismiss="modal">Cerrar</button>
        <button type="button" class="btn btn-primary">Enviar</button>
      </div>
    </div>
  </div>
</div>
```

Ejercicio 37: Utilizar Cards con Overlay

Agrega overlays a las tarjetas utilizando componentes de Bootstrap.

Solución:

```html
<div class="container mt-3">
  <button type="button" class="btn btn-primary" data-bs-toggle="modal" data-bs-target="#exampleModal">
    Abrir Ventana Modal
  </button>

 <div class="container mt-3">
  <div class="card" style="width: 18rem;">
    <img src="imagen.jpg" class="card-img-top" alt="...">
    <div class="card-img-overlay">
      <h5 class="card-title">Título de la Imagen</h5>
      <p class="card-text">Descripción de la imagen.</p>
    </div>
  </div>
</div>
```

Ejercicio 38: Utilizar Formulario de Búsqueda

Implementa un formulario de búsqueda utilizando componentes de Bootstrap.

Solución:

```
<div class="container mt-3">
  <form class="d-flex">
    <input class="form-control me-2" type="search" placeholder="Buscar" aria-label="Buscar">
    <button class="btn btn-outline-success" type="submit">Buscar</button>
  </form>
</div>
```

Ejercicio 39: Utilizar Badge en Navbar

Agrega badges informativos a elementos de navegación en una barra de navegación utilizando componentes de Bootstrap.

Solución:

```
<nav class="navbar navbar-expand-lg navbar-light bg-light">
  <div class="container">
    <a class="navbar-brand" href="#">Mi Sitio</a>
    <div class="collapse navbar-collapse" id="navbarNav">
      <ul class="navbar-nav ms-auto">
        <li class="nav-item">
          <a class="nav-link" href="#">Inicio <span class="badge bg-primary">Nuevo</span></a>
        </li>
        <li class="nav-item">
          <a class="nav-link" href="#">Productos <span class="badge bg-success">10</span></a>
        </li>
        <li class="nav-item">
          <a class="nav-link" href="#">Notificaciones <span class="badge bg-danger">5</span></a>
        </li>
      </ul>
    </div>
  </div>
</nav>
```

Ejercicio 40: Utilizar List Group con Enlaces

Utiliza componentes de list group de Bootstrap para mostrar una lista de enlaces.

Solución:

```
<div class="container mt-3">
  <ul class="list-group">
    <li class="list-group-item"><a href="#">Enlace 1</a></li>
    <li class="list-group-item"><a href="#">Enlace 2</a></li>
    <li class="list-group-item"><a href="#">Enlace 3</a></li>
  </ul>
</div>
```

Ejercicio 41: Utilizar Badges en Cards

Agrega badges a las tarjetas (cards) para mostrar información adicional.

Solución:

```html
<div class="container mt-3">
  <div class="card" style="width: 18rem;">
    <img src="imagen.jpg" class="card-img-top" alt="...">
    <div class="card-body">
      <h5 class="card-title">Producto</h5>
      <p class="card-text">Descripción del producto.</p>
      <a href="#" class="btn btn-primary">Ver Detalles <span class="badge bg-secondary">Nuevo</span></a>
    </div>
  </div>
</div>
```

Ejercicio 42: Utilizar Alertas de Formulario

Integra alertas de formulario para validación o mensajes de estado.

Solución:

```
<div class="container mt-3">
  <form>
    <div class="mb-3">
      <label for="exampleInputName" class="form-label">Nombre</label>
      <input type="text" class="form-control" id="exampleInputName" required>
    </div>
    <div class="mb-3">
      <label for="exampleInputEmail" class="form-label">Correo Electrónico</label>
      <input type="email" class="form-control" id="exampleInputEmail" required>
    </div>
    <button type="submit" class="btn btn-primary">Enviar</button>
    <div class="alert alert-success mt-3 d-none" id="successAlert" role="alert">
      ¡Formulario enviado correctamente!
```

```html
    </div>
    <div class="alert alert-danger mt-3 d-none" id="errorAlert" role="alert">
        Error al enviar el formulario. Por favor, inténtalo de nuevo.
    </div>
  </form>
</div>

<script>

document.querySelector('form').addEventListener('submit', function(event) {
    event.preventDefault();
    if (this.checkValidity()) {

document.getElementById('successAlert').classList.remove('d-none');
        this.reset();
    } else {

document.getElementById('errorAlert').classList.remove('d-none');
    }
  });
</script>
```

Ejercicio 43: Utilizar Scrollspy en Navbar

Implementa Scrollspy en una barra de navegación para resaltar automáticamente los enlaces según la posición de desplazamiento en la página.

Solución:

```html
<body data-bs-spy="scroll" data-bs-target="#navbar" data-bs-offset="50">

  <nav id="navbar" class="navbar navbar-expand-lg navbar-light bg-light fixed-top">

    <div class="container">

      <a class="navbar-brand" href="#">Mi Sitio</a>

      <button class="navbar-toggler" type="button" data-bs-toggle="collapse" data-bs-target="#navbarNav" aria-controls="navbarNav" aria-expanded="false" aria-label="Toggle navigation">

        <span class="navbar-toggler-icon"></span>

      </button>

      <div class="collapse navbar-collapse" id="navbarNav">

        <ul class="navbar-nav ms-auto">

          <li class="nav-item">
```

```html
            <a class="nav-link" href="#section1">Sección 1</a>
          </li>
          <li class="nav-item">
            <a class="nav-link" href="#section2">Sección 2</a>
          </li>
          <li class="nav-item">
            <a class="nav-link" href="#section3">Sección 3</a>
          </li>
        </ul>
      </div>
    </div>
  </nav>

  <div id="section1" class="container mt-5">
    <h2>Sección 1</h2>
    <p>Contenido de la sección 1.</p>
  </div>

  <div id="section2" class="container mt-5">
```

```html
    <h2>Sección 2</h2>
    <p>Contenido de la sección 2.</p>
  </div>

  <div id="section3" class="container mt-5">
    <h2>Sección 3</h2>
    <p>Contenido de la sección 3.</p>
  </div>
</body>
```

Ejercicio 44: Utilizar Carousels con Indicadores

Crea un carrusel (carousel) con indicadores para cambiar las imágenes.

Solución:

```
<div id="carouselExampleIndicators" class="carousel slide" data-bs-ride="carousel">
  <div class="carousel-indicators">
    <button type="button" data-bs-target="#carouselExampleIndicators" data-bs-slide-to="0" class="active" aria-current="true" aria-label="Slide 1"></button>
    <button type="button" data-bs-target="#carouselExampleIndicators" data-bs-slide-to="1" aria-label="Slide 2"></button>
    <button type="button" data-bs-target="#carouselExampleIndicators" data-bs-slide-to="2" aria-label="Slide 3"></button>
  </div>
  <div class="carousel-inner">
    <div class="carousel-item active">
      <img src="imagen1.jpg" class="d-block w-100" alt="Slide 1">
    </div>
    <div class="carousel-item">
      <img src="imagen2.jpg" class="d-block w-100" alt="Slide 2">
    </div>
    <div class="carousel-item">
      <img src="imagen3.jpg" class="d-block w-100" alt="Slide 3">
    </div>
```

```html
  </div>
  <button class="carousel-control-prev" type="button" data-bs-target="#carouselExampleIndicators" data-bs-slide="prev">
    <span class="carousel-control-prev-icon" aria-hidden="true"></span>
    <span class="visually-hidden">Previous</span>
  </button>
  <button class="carousel-control-next" type="button" data-bs-target="#carouselExampleIndicators" data-bs-slide="next">
    <span class="carousel-control-next-icon" aria-hidden="true"></span>
    <span class="visually-hidden">Next</span>
  </button>
</div>
```

Ejercicio 45: Utilizar Tablas con Estilos

Crea una tabla con estilos utilizando componentes de Bootstrap.

Solución:

```html
<div class="container mt-3">
  <table class="table">
    <thead>
      <tr>
        <th scope="col">ID</th>
        <th scope="col">Nombre</th>
        <th scope="col">Correo Electrónico</th>
      </tr>
    </thead>
    <tbody>
      <tr>
        <th scope="row">1</th>
        <td>Usuario 1</td>
        <td>usuario1@example.com</td>
      </tr>
      <tr>
        <th scope="row">2</th>
        <td>Usuario 2</td>
        <td>usuario2@example.com</td>
      </tr>
      <tr>
```

```html
            <th scope="row">3</th>
            <td>Usuario 3</td>
            <td>usuario3@example.com</td>
        </tr>
    </tbody>
  </table>
</div>
```

Ejercicio 46: Utilizar List Group con Badges

Crea un listado de elementos con badges utilizando componentes de list group de Bootstrap.

Solución:

```html
<div class="container mt-3">

  <ul class="list-group">

    <li class="list-group-item d-flex justify-content-between align-items-center">

      Elemento 1

      <span class="badge bg-primary">Nuevo</span>

    </li>

    <li class="list-group-item d-flex justify-content-between align-items-center">

      Elemento 2

      <span class="badge bg-success">Activo</span>

    </li>

    <li class="list-group-item d-flex justify-content-between align-items-center">

      Elemento 3
```

```html
      <span class="badge bg-danger">Urgente</span>
    </li>
  </ul>
</div>
```

Ejercicio 47: Utilizar Tooltip en Iconos

Agrega tooltips a iconos utilizando componentes de tooltip de Bootstrap.

Solución:

```
<div class="container mt-3">
  <i class="bi bi-heart" data-bs-toggle="tooltip" data-bs-placement="top" title="Me gusta"></i>
  <i class="bi bi-chat-dots" data-bs-toggle="tooltip" data-bs-placement="top" title="Comentar"></i>
  <i class="bi bi-share" data-bs-toggle="tooltip" data-bs-placement="top" title="Compartir"></i>
</div>

<script>
  var tooltipTriggerList = [].slice.call(document.querySelectorAll('[data-bs-toggle="tooltip"]'));
  var tooltipList = tooltipTriggerList.map(function (tooltipTriggerEl) {
    return new bootstrap.Tooltip(tooltipTriggerEl);
```

```
    });
</script>
```

Ejercicio 48: Utilizar Input Group con Botón

Crea un grupo de entrada (input group) con un botón utilizando componentes de Bootstrap.

```html
<div class="container mt-3">
  <div class="input-group mb-3">
    <input type="text" class="form-control" placeholder="Buscar" aria-label="Buscar" aria-describedby="button-addon2">
    <button class="btn btn-outline-secondary" type="button" id="button-addon2">Buscar</button>
  </div>
</div>
```

Ejercicio 49: Utilizar Dropdowns con Checkboxes

Crea dropdowns con checkboxes utilizando componentes de Bootstrap.

```
<div class="container mt-3">

  <div class="dropdown">

    <button class="btn btn-secondary dropdown-toggle" type="button" id="dropdownMenuButton" data-bs-toggle="dropdown" aria-expanded="false">

      Seleccionar Opciones

    </button>

    <ul class="dropdown-menu" aria-labelledby="dropdownMenuButton">

      <li><input class="dropdown-item" type="checkbox" id="option1" value="option1"> <label class="form-check-label" for="option1">Opción 1</label></li>
```

```html
        <li><input class="dropdown-item" type="checkbox" id="option2" value="option2"> <label class="form-check-label" for="option2">Opción 2</label></li>

        <li><input class="dropdown-item" type="checkbox" id="option3" value="option3"> <label class="form-check-label" for="option3">Opción 3</label></li>

    </ul>

  </div>

</div>
```

Ejercicio 50: Utilizar Cards con Grillas

Organiza tarjetas (cards) en una grilla utilizando componentes de Bootstrap.

```
<div class="container mt-3">
  <div class="row row-cols-1 row-cols-md-3 g-4">
    <div class="col">
      <div class="card">
        <img src="imagen1.jpg" class="card-img-top" alt="...">
        <div class="card-body">
          <h5 class="card-title">Producto 1</h5>
          <p class="card-text">Descripción del Producto 1.</p>
        </div>
      </div>
    </div>
    <div class="col">
      <div class="card">
        <img src="imagen2.jpg" class="card-img-top" alt="...">
        <div class="card-body">
```

```html
            <h5 class="card-title">Producto 2</h5>
            <p class="card-text">Descripción del Producto 2.</p>
          </div>
        </div>
      </div>
      <div class="col">
        <div class="card">
          <img src="imagen3.jpg" class="card-img-top" alt="...">
          <div class="card-body">
            <h5 class="card-title">Producto 3</h5>
            <p class="card-text">Descripción del Producto 3.</p>
          </div>
        </div>
      </div>
    </div>
</div>
```

Ejercicio 51: Utilizar Navbar con Dropdowns

Implementa un navbar con dropdowns en la barra de navegación.

Solución:

```html
<nav class="navbar navbar-expand-lg navbar-dark bg-dark">
  <div class="container">
    <a class="navbar-brand" href="#">Mi Sitio</a>
    <button class="navbar-toggler" type="button" data-bs-toggle="collapse" data-bs-target="#navbarNavDropdown" aria-controls="navbarNavDropdown" aria-expanded="false" aria-label="Toggle navigation">
      <span class="navbar-toggler-icon"></span>
    </button>
    <div class="collapse navbar-collapse" id="navbarNavDropdown">
      <ul class="navbar-nav ms-auto">
        <li class="nav-item">
          <a class="nav-link" href="#">Inicio</a>
        </li>
        <li class="nav-item">
          <a class="nav-link" href="#">Acerca de</a>
        </li>
        <li class="nav-item dropdown">
          <a class="nav-link dropdown-toggle" href="#" id="navbarDropdownMenuLink" role="button" data-bs-toggle="dropdown" aria-expanded="false">
            Servicios
          </a>
```

```html
            <ul class="dropdown-menu" aria-labelledby="navbarDropdownMenuLink">
              <li><a class="dropdown-item" href="#">Servicio 1</a></li>
              <li><a class="dropdown-item" href="#">Servicio 2</a></li>
              <li><a class="dropdown-item" href="#">Servicio 3</a></li>
            </ul>
          </li>
        </ul>
      </div>
    </div>
</nav>
```

Ejercicio 52: Utilizar Modal con Imagen

Crea un modal con una imagen y descripción utilizando componentes de Bootstrap.

Solución:

```
<div class="container mt-3">
  <button type="button" class="btn btn-primary" data-bs-toggle="modal" data-bs-target="#exampleModal">
    Abrir Modal con Imagen
  </button>

  <div class="modal fade" id="exampleModal" tabindex="-1" aria-labelledby="exampleModalLabel" aria-hidden="true">
    <div class="modal-dialog modal-lg">
      <div class="modal-content">
        <div class="modal-header">
          <h5 class="modal-title" id="exampleModalLabel">Detalles de Imagen</h5>
          <button type="button" class="btn-close" data-bs-dismiss="modal" aria-label="Close"></button>
        </div>
        <div class="modal-body">
```

```
            <img src="imagen.jpg" class="img-fluid" alt="Imagen">
            <p>Descripción de la imagen.</p>
          </div>
        </div>
      </div>
    </div>
</div>
```

Ejercicio 53: Utilizar Tabs con Contenido Dinámico

Crea tabs con contenido dinámico utilizando componentes de Bootstrap.

Solución:

```
<div class="container mt-3">
  <ul class="nav nav-tabs" id="myTab" role="tablist">
    <li class="nav-item" role="presentation">
      <button class="nav-link active" id="home-tab" data-bs-toggle="tab" data-bs-target="#home" type="button" role="tab" aria-controls="home" aria-selected="true">Inicio</button>
    </li>
    <li class="nav-item" role="presentation">
      <button class="nav-link" id="profile-tab" data-bs-toggle="tab" data-bs-target="#profile" type="button" role="tab" aria-controls="profile" aria-selected="false">Perfil</button>
    </li>
    <li class="nav-item" role="presentation">
      <button class="nav-link" id="contact-tab" data-bs-toggle="tab" data-bs-target="#contact" type="button" role="tab" aria-controls="contact" aria-selected="false">Contacto</button>
```

```html
    </li>
  </ul>
  <div class="tab-content" id="myTabContent">
    <div class="tab-pane fade show active" id="home" role="tabpanel" aria-labelledby="home-tab">
      Contenido de la pestaña de inicio.
    </div>
    <div class="tab-pane fade" id="profile" role="tabpanel" aria-labelledby="profile-tab">
      Contenido de la pestaña de perfil.
    </div>
    <div class="tab-pane fade" id="contact" role="tabpanel" aria-labelledby="contact-tab">
      Contenido de la pestaña de contacto.
    </div>
  </div>
</div>
```

Ejercicio 54: Utilizar Popover con Contenido HTML

Agrega popovers con contenido HTML personalizado utilizando componentes de Bootstrap.

Solución:

```
<div class="container mt-3">
  <button type="button" class="btn btn-secondary" data-bs-toggle="popover" title="Información" data-bs-content="<strong>Más detalles:</strong> Lorem ipsum dolor sit amet, consectetur adipiscing elit.">
    Ver Detalles
  </button>
</div>

<script>
  var popoverTriggerList = [].slice.call(document.querySelectorAll('[data-bs-toggle="popover"]'));
  var popoverList = popoverTriggerList.map(function (popoverTriggerEl) {
    return new bootstrap.Popover(popoverTriggerEl, {
      html: true
```

```
        });
      });
</script>
```

Ejercicio 55: Utilizar Tooltips con Varias Posiciones

Agrega tooltips con diferentes posiciones utilizando componentes de Bootstrap.

Solución:

```
<div class="container mt-3">
  <button type="button" class="btn btn-primary" 
data-bs-toggle="tooltip" data-bs-placement="top" 
title="Tooltip en la parte superior">
    Arriba
  </button>
  <button type="button" class="btn btn-secondary" 
data-bs-toggle="tooltip" data-bs-placement="bottom" 
title="Tooltip en la parte inferior">
    Abajo
  </button>
  <button type="button" class="btn btn-success" 
data-bs-toggle="tooltip" data-bs-placement="start" 
title="Tooltip en el lado izquierdo">
    Izquierda
  </button>
```

```html
  <button type="button" class="btn btn-danger" data-bs-toggle="tooltip" data-bs-placement="end" title="Tooltip en el lado derecho">
    Derecha
  </button>
</div>

<script>
  var tooltipTriggerList = [].slice.call(document.querySelectorAll('[data-bs-toggle="tooltip"]'));
  var tooltipList = tooltipTriggerList.map(function (tooltipTriggerEl) {
    return new bootstrap.Tooltip(tooltipTriggerEl);
  });
</script>
```

Ejercicio 56: Utilizar Collapse con Acordiones

Crea acordiones utilizando componentes de collapse de Bootstrap.

Solución:

```
<div class="container mt-3">
  <div class="accordion" id="accordionExample">
    <div class="accordion-item">
      <h2 class="accordion-header" id="headingOne">
        <button class="accordion-button" type="button" data-bs-toggle="collapse" data-bs-target="#collapseOne" aria-expanded="true" aria-controls="collapseOne">
          Sección 1
        </button>
      </h2>
      <div id="collapseOne" class="accordion-collapse collapse show" aria-labelledby="headingOne" data-bs-parent="#accordionExample">
        <div class="accordion-body">
          Contenido de la sección 1.
        </div>
      </div>
    </div>
    <div class="accordion-item">
      <h2 class="accordion-header" id="headingTwo">
        <button class="accordion-button collapsed" type="button" data-bs-toggle="collapse"
```

```
          data-bs-target="#collapseTwo" aria-expanded="false"
aria-controls="collapseTwo">
            Sección 2
          </button>
        </h2>
        <div id="collapseTwo" class="accordion-collapse
collapse" aria-labelledby="headingTwo"
data-bs-parent="#accordionExample">
          <div class="accordion-body">
            Contenido de la sección 2.
          </div>
        </div>
      </div>
   </div>
</div>
```

Ejercicio 57: Utilizar Cards con Encabezados

Agrega encabezados a las tarjetas (cards) utilizando componentes de Bootstrap.

Solución:

```html
<div class="container mt-3">
  <div class="card">
    <div class="card-header">
      Encabezado de Tarjeta
    </div>
    <div class="card-body">
      <h5 class="card-title">Título de la Tarjeta</h5>
      <p class="card-text">Contenido de la tarjeta.</p>
      <a href="#" class="btn btn-primary">Ir</a>
    </div>
  </div>
</div>
```

Ejercicio 58: Utilizar Input Group con Botón de Dropdown

Crea un grupo de entrada (input group) con un botón de dropdown utilizando componentes de Bootstrap.

Solución:

```
<div class="container mt-3">
  <div class="input-group mb-3">
    <button class="btn btn-outline-secondary dropdown-toggle" type="button" data-bs-toggle="dropdown" aria-expanded="false">Acción</button>
    <ul class="dropdown-menu">
      <li><a class="dropdown-item" href="#">Opción 1</a></li>
      <li><a class="dropdown-item" href="#">Opción 2</a></li>
      <li><a class="dropdown-item" href="#">Opción 3</a></li>
    </ul>
    <input type="text" class="form-control" placeholder="Buscar" aria-label="Buscar" aria-describedby="button-addon2">
    <button class="btn btn-outline-secondary" type="button" id="button-addon2">Buscar</button>
  </div>
</div>
```

Ejercicio 59: Utilizar Pagination

Crea una paginación utilizando componentes de Bootstrap.

Solución:

```
<div class="container mt-3">
  <nav aria-label="Page navigation example">
    <ul class="pagination">
      <li class="page-item"><a class="page-link" href="#">Anterior</a></li>
      <li class="page-item"><a class="page-link" href="#">1</a></li>
      <li class="page-item"><a class="page-link" href="#">2</a></li>
      <li class="page-item"><a class="page-link" href="#">3</a></li>
      <li class="page-item"><a class="page-link" href="#">Siguiente</a></li>
    </ul>
  </nav>
</div>
```

Ejercicio 60: Utilizar Formulario con File Input

Crea un formulario con un campo de entrada de archivo utilizando componentes de Bootstrap.

Solución:

```html
<div class="container mt-3">
  <form>
    <div class="mb-3">
      <label for="formFile" class="form-label">Cargar Archivo</label>
      <input class="form-control" type="file" id="formFile">
    </div>
    <button type="submit" class="btn btn-primary">Enviar</button>
  </form>
</div>
```

Ejercicio 61: Utilizar Cards con Imágenes y Listas

Crea tarjetas (cards) con imágenes y listas utilizando componentes de Bootstrap.

Solución:

```
<div class="container mt-3">
  <div class="card">
    <img src="imagen.jpg" class="card-img-top" alt="...">
    <div class="card-body">
      <h5 class="card-title">Título de la Tarjeta</h5>
      <p class="card-text">Descripción de la tarjeta.</p>
      <ul class="list-group">
        <li class="list-group-item">Elemento 1</li>
        <li class="list-group-item">Elemento 2</li>
        <li class="list-group-item">Elemento 3</li>
      </ul>
    </div>
  </div>
</div>
```

Ejercicio 62: Utilizar Navbar con Formulario de Búsqueda

Agrega un formulario de búsqueda a la barra de navegación utilizando componentes de Bootstrap.

Solución:

```
<nav class="navbar navbar-expand-lg navbar-light bg-light">
  <div class="container">
    <a class="navbar-brand" href="#">Mi Sitio</a>
    <form class="d-flex ms-auto">
      <input class="form-control me-2" type="search" placeholder="Buscar" aria-label="Buscar">
      <button class="btn btn-outline-success" type="submit">Buscar</button>
    </form>
  </div>
</nav>
```

Ejercicio 63: Utilizar Popover con Eventos Personalizados

Agrega popovers con eventos personalizados utilizando componentes de Bootstrap.

Solución:

```html
<div class="container mt-3">
  <button type="button" class="btn btn-primary" id="popoverBtn" data-bs-toggle="popover" data-bs-placement="top" title="Información" data-bs-content="Haz clic para obtener más detalles.">
    Mostrar Popover
  </button>
</div>

<script>
  var popoverTrigger = document.getElementById('popoverBtn');
  var popover = new bootstrap.Popover(popoverTrigger);

  popoverTrigger.addEventListener('shown.bs.popover', function () {
    console.log('Popover mostrado');
  });
```

```
popoverTrigger.addEventListener('hidden.bs.popover',
function () {
    console.log('Popover oculto');
});
</script>
```

Ejercicio 64: Utilizar Collapse con Eventos JavaScript

Crea un elemento colapsable con eventos JavaScript utilizando componentes de Bootstrap.

Solución:

```html
<div class="container mt-3">
  <button class="btn btn-primary" type="button" data-bs-toggle="collapse" data-bs-target="#collapseExample" aria-expanded="false" aria-controls="collapseExample">
    Mostrar Contenido
  </button>
  <div class="collapse" id="collapseExample">
    <div class="card card-body">
      Contenido colapsable aquí.
    </div>
  </div>
</div>
```

Ejercicio 65: Utilizar Tabs con Dropdowns

Implementa tabs con dropdowns utilizando componentes de Bootstrap.

Solución:

```html
<div class="container mt-3">
  <ul class="nav nav-tabs" id="myTab" role="tablist">
    <li class="nav-item" role="presentation">
      <a class="nav-link active" id="home-tab" data-bs-toggle="tab" href="#home" role="tab" aria-controls="home" aria-selected="true">Inicio</a>
    </li>
    <li class="nav-item dropdown">
      <a class="nav-link dropdown-toggle" data-bs-toggle="dropdown" href="#" role="button" aria-expanded="false">Más Opciones</a>
      <ul class="dropdown-menu">
        <li><a class="dropdown-item" data-bs-toggle="tab" href="#profile" role="tab" aria-controls="profile">Perfil</a></li>
        <li><a class="dropdown-item" data-bs-toggle="tab" href="#contact" role="tab" aria-controls="contact">Contacto</a></li>
```

```html
    </ul>
  </li>
</ul>
<div class="tab-content" id="myTabContent">
    <div class="tab-pane fade show active" id="home" role="tabpanel" aria-labelledby="home-tab">
        Contenido de la pestaña de inicio.
    </div>
    <div class="tab-pane fade" id="profile" role="tabpanel" aria-labelledby="profile-tab">
        Contenido de la pestaña de perfil.
    </div>
    <div class="tab-pane fade" id="contact" role="tabpanel" aria-labelledby="contact-tab">
        Contenido de la pestaña de contacto.
    </div>
  </div>
</div>
```

Ejercicio 66: Utilizar Cards con Grupos de Botones

Agrega grupos de botones a las tarjetas (cards) utilizando componentes de Bootstrap.

Solución:

```
<div class="container mt-3">
  <div class="card">
    <div class="card-body">
      <h5 class="card-title">Título de la Tarjeta</h5>
      <p class="card-text">Contenido de la tarjeta.</p>
      <div class="btn-group" role="group" aria-label="Acciones">
        <button type="button" class="btn btn-primary">Editar</button>
        <button type="button" class="btn btn-danger">Eliminar</button>
      </div>
    </div>
  </div>
</div>
```

Ejercicio 67: Utilizar Media Objects

Crea objetos de medios utilizando componentes de Bootstrap.

Solución:

```
<div class="container mt-3">
  <div class="media">
    <img src="imagen.jpg" class="mr-3" alt="..." style="width: 100px;">
    <div class="media-body">
      <h5 class="mt-0">Título del Media Object</h5>
      <p>Descripción del objeto de medios.</p>
      <button type="button" class="btn btn-primary">Ver Detalles</button>
    </div>
  </div>
</div>
```

Ejercicio 68: Utilizar Alertas Dismissable

Agrega alertas dismissable (cerrables) utilizando componentes de Bootstrap.

Solución:

```html
<div class="container mt-3">
  <div class="alert alert-warning alert-dismissible fade show" role="alert">
    Esta es una alerta dismissable. ¡Puedes cerrarla!
    <button type="button" class="btn-close" data-bs-dismiss="alert" aria-label="Close"></button>
  </div>
</div>
```

Ejercicio 69: Utilizar Jumbotron

Crea un jumbotron utilizando componentes de Bootstrap.

Solución:

```html
<div class="container mt-3">
  <div class="jumbotron">
    <h1 class="display-4">¡Bienvenido!</h1>
    <p class="lead">Este es un ejemplo de jumbotron en Bootstrap.</p>
    <hr class="my-4">
    <p>Puedes agregar contenido adicional aquí.</p>
    <a class="btn btn-primary btn-lg" href="#" role="button">Leer más</a>
  </div>
</div>
```

Ejercicio 70: Utilizar Carousel con Contenido Dinámico

Implementa un carousel con contenido dinámico utilizando componentes de Bootstrap.

Solución:

```html
<div class="container mt-3">
  <div id="carouselExampleControls" class="carousel slide" data-bs-ride="carousel">
    <div class="carousel-inner">
      <div class="carousel-item active">
        <img src="imagen1.jpg" class="d-block w-100" alt="...">
      </div>
      <div class="carousel-item">
        <img src="imagen2.jpg" class="d-block w-100" alt="...">
      </div>
      <div class="carousel-item">
        <img src="imagen3.jpg" class="d-block w-100" alt="...">
      </div>
```

```html
    </div>
    <button class="carousel-control-prev" type="button" data-bs-target="#carouselExampleControls" data-bs-slide="prev">
      <span class="carousel-control-prev-icon" aria-hidden="true"></span>
      <span class="visually-hidden">Anterior</span>
    </button>
    <button class="carousel-control-next" type="button" data-bs-target="#carouselExampleControls" data-bs-slide="next">
      <span class="carousel-control-next-icon" aria-hidden="true"></span>
      <span class="visually-hidden">Siguiente</span>
    </button>
  </div>
</div>
```

Ejercicio 71: Utilizar Formulario con Select y Checkbox

Crea un formulario con elementos de selección (select) y casillas de verificación (checkbox) utilizando componentes de Bootstrap.

Solución:

```html
<div class="container mt-3">
  <form>
    <div class="mb-3">
      <label for="selectOption" class="form-label">Seleccionar Opción</label>
      <select class="form-select" id="selectOption">
        <option selected>Seleccionar...</option>
        <option value="1">Opción 1</option>
        <option value="2">Opción 2</option>
        <option value="3">Opción 3</option>
      </select>
    </div>
    <div class="mb-3">
      <div class="form-check">
        <input class="form-check-input" type="checkbox" value="" id="checkbox1">
```

```html
        <label class="form-check-label" for="checkbox1">
          Casilla de Verificación 1
        </label>
      </div>
      <div class="form-check">
        <input class="form-check-input" type="checkbox" value="" id="checkbox2">
        <label class="form-check-label" for="checkbox2">
          Casilla de Verificación 2
        </label>
      </div>
    </div>
    <button type="submit" class="btn btn-primary">Enviar</button>
  </form>
</div>
```

Ejercicio 72: Utilizar Navbar con Buscador y Botones

Implementa una barra de navegación con un campo de búsqueda y botones utilizando componentes de Bootstrap.

Solución:

```html
<nav class="navbar navbar-expand-lg navbar-light bg-light">
  <div class="container">
    <a class="navbar-brand" href="#">Mi Sitio</a>
    <button class="navbar-toggler" type="button" data-bs-toggle="collapse" data-bs-target="#navbarNav" aria-controls="navbarNav" aria-expanded="false" aria-label="Toggle navigation">
      <span class="navbar-toggler-icon"></span>
    </button>
    <div class="collapse navbar-collapse" id="navbarNav">
      <form class="d-flex ms-auto">
        <input class="form-control me-2" type="search" placeholder="Buscar" aria-label="Buscar">
        <button class="btn btn-outline-success" type="submit">Buscar</button>
```

```html
      </form>
      <ul class="navbar-nav">
        <li class="nav-item">
          <a class="nav-link" href="#">Inicio</a>
        </li>
        <li class="nav-item">
          <a class="nav-link" href="#">Acerca de</a>
        </li>
        <li class="nav-item">
          <a class="nav-link" href="#">Contacto</a>
        </li>
      </ul>
    </div>
  </div>
</nav>
```

Ejercicio 73: Utilizar Progress Bar

Agrega una barra de progreso (progress bar) utilizando componentes de Bootstrap.

Solución:

```
<div class="container mt-3">

  <div class="progress">

    <div class="progress-bar" role="progressbar" style="width: 25%;" aria-valuenow="25" aria-valuemin="0" aria-valuemax="100">25%</div>

  </div>

</div>
```

Ejercicio 74: Utilizar Input Group con Dropdown

Crea un grupo de entrada (input group) con un botón de dropdown utilizando componentes de Bootstrap.

Solución:

```html
<div class="container mt-3">
  <div class="input-group">
    <input type="text" class="form-control" placeholder="Buscar" aria-label="Buscar">
    <button class="btn btn-outline-secondary dropdown-toggle" type="button" data-bs-toggle="dropdown" aria-expanded="false">Opciones</button>
    <ul class="dropdown-menu">
      <li><a class="dropdown-item" href="#">Opción 1</a></li>
      <li><a class="dropdown-item" href="#">Opción 2</a></li>
      <li><a class="dropdown-item" href="#">Opción 3</a></li>
    </ul>
  </div>
</div>
```

Ejercicio 75: Utilizar List Group con Accordion

Crea un listado de elementos con acordeón (accordion) utilizando componentes de list group de Bootstrap.

Solución:

```
<div class="container mt-3">
  <div class="accordion" id="accordionExample">
    <div class="accordion-item">
      <h2 class="accordion-header" id="headingOne">
        <button class="accordion-button" type="button" data-bs-toggle="collapse" data-bs-target="#collapseOne" aria-expanded="true" aria-controls="collapseOne">
          Elemento 1
        </button>
      </h2>
      <div id="collapseOne" class="accordion-collapse collapse show" aria-labelledby="headingOne" data-bs-parent="#accordionExample">
        <div class="accordion-body">
          Contenido del elemento 1.
        </div>
      </div>
    </div>
    <div class="accordion-item">
```

```html
    <h2 class="accordion-header" id="headingTwo">
      <button class="accordion-button collapsed" type="button" data-bs-toggle="collapse" data-bs-target="#collapseTwo" aria-expanded="false" aria-controls="collapseTwo">
        Elemento 2
      </button>
    </h2>
    <div id="collapseTwo" class="accordion-collapse collapse" aria-labelledby="headingTwo" data-bs-parent="#accordionExample">
      <div class="accordion-body">
        Contenido del elemento 2.
      </div>
    </div>
  </div>
</div>
```

Ejercicio 76: Utilizar Navbar con Dropdowns

Implementa una barra de navegación con dropdowns utilizando componentes de Bootstrap.

Solución:

```html
<nav class="navbar navbar-expand-lg navbar-dark bg-dark">
  <div class="container">
    <a class="navbar-brand" href="#">Mi Sitio</a>
    <button class="navbar-toggler" type="button" data-bs-toggle="collapse" data-bs-target="#navbarNavDropdown" aria-controls="navbarNavDropdown" aria-expanded="false" aria-label="Toggle navigation">
      <span class="navbar-toggler-icon"></span>
    </button>
    <div class="collapse navbar-collapse" id="navbarNavDropdown">
      <ul class="navbar-nav ms-auto">
        <li class="nav-item active">
          <a class="nav-link" href="#">Inicio</a>
        </li>
        <li class="nav-item">
          <a class="nav-link" href="#">Acerca de</a>
```

```html
      </li>
      <li class="nav-item dropdown">
        <a class="nav-link dropdown-toggle" href="#" id="navbarDropdownMenuLink" role="button" data-bs-toggle="dropdown" aria-expanded="false">
          Servicios
        </a>
        <ul class="dropdown-menu" aria-labelledby="navbarDropdownMenuLink">
          <li><a class="dropdown-item" href="#">Servicio 1</a></li>
          <li><a class="dropdown-item" href="#">Servicio 2</a></li>
          <li><a class="dropdown-item" href="#">Servicio 3</a></li>
        </ul>
      </li>
    </ul>
  </div>
</div>
</nav>
```

Ejercicio 77: Utilizar Cards con Colores Personalizados

Crea tarjetas (cards) con colores personalizados utilizando clases de Bootstrap.

Solución:

```
<div class="container mt-3">
  <div class="card text-white bg-primary mb-3" style="max-width: 18rem;">
    <div class="card-header">Encabezado</div>
    <div class="card-body">
      <h5 class="card-title">Título de la Tarjeta</h5>
      <p class="card-text">Contenido de la tarjeta.</p>
    </div>
  </div>
</div>
```

Ejercicio 78: Utilizar Carousel con Contenido Variado

Implementa un carousel con contenido variado utilizando componentes de Bootstrap.

Solución:

```html
<div class="container mt-3">
  <div id="carouselExampleSlidesOnly" class="carousel slide" data-bs-ride="carousel">
    <div class="carousel-inner">
      <div class="carousel-item active">
        <img src="imagen1.jpg" class="d-block w-100" alt="...">
      </div>
      <div class="carousel-item">
        <h3 class="d-block w-100">Título de la Slide</h3>
        <p>Descripción de la slide.</p>
      </div>
      <div class="carousel-item">
        <iframe class="d-block w-100" src="video.mp4" allowfullscreen></iframe>
      </div>
    </div>
  </div>
</div>
```

Ejercicio 79: Utilizar Badges

Agrega insignias (badges) a elementos utilizando componentes de Bootstrap.

Solución:

```
<div class="container mt-3">
  <button type="button" class="btn btn-primary">
    Notificaciones <span class="badge bg-secondary">5</span>
  </button>
</div>
```

Ejercicio 80: Utilizar Formulario con Input de Fecha

Crea un formulario con un campo de entrada de fecha utilizando componentes de Bootstrap.

Solución:

```html
<div class="container mt-3">
  <form>
    <div class="mb-3">
      <label for="dateInput" class="form-label">Fecha de Nacimiento</label>
      <input type="date" class="form-control" id="dateInput">
    </div>
    <button type="submit" class="btn btn-primary">Enviar</button>
  </form>
</div>
```

www.ingramcontent.com/pod-product-compliance
Lightning Source LLC
Chambersburg PA
CBHW082204220526
45470CB00010B/3047